Basiswissen Soziale Arbeit
Band 5

Die richtigen Grundlagen sind essentiell für ein erfolgreiches Studium und einen guten Einstieg in die Berufspraxis. Orientiert an den Modulen der Studiengänge im Feld ‚Soziale Arbeit' bietet die Reihe in sich abgeschlossene Themenlehrbücher, die jeweils relevantes Wissen aufbereiten. In komprimierten Einführungen, die wesentliche Grundlagen in verständlichen Erläuterungen und klaren Definitionen enthalten, vermitteln kompetente Autorinnen und Autoren gesicherte Informationen, die im Kontext von Vorlesungen oder in Seminaren herangezogen werden können. Alle Bände ‚Basiswissen Soziale Arbeit' eignen sich hervorragend zur selbsttätigen Erarbeitung von Themen und zur Vorbereitung von Prüfungen: kompakt und kompetent.

Frank Früchtel · Anna-Maria Halibrand

Restorative Justice

Theorie und Methode
für die Soziale Arbeit

Springer VS

Frank Früchtel
Fachhochschule Potsdam
Deutschland

Anna-Maria Halibrand
Jugendberatung Hinterhaus
Hannover, Deutschland

Basiswissen Soziale Arbeit
ISBN 978-3-658-10178-7   ISBN 978-3-658-10179-4 (eBook)
DOI 10.1007/978-3-658-10179-4

Die Deutsche Nationalbibliothek verzeichnet diese Publikation in der Deutschen Nationalbibliografie; detaillierte bibliografische Daten sind im Internet über http://dnb.d-nb.de abrufbar.

Springer VS
© Springer Fachmedien Wiesbaden 2016
Das Werk einschließlich aller seiner Teile ist urheberrechtlich geschützt. Jede Verwertung, die nicht ausdrücklich vom Urheberrechtsgesetz zugelassen ist, bedarf der vorherigen Zustimmung des Verlags. Das gilt insbesondere für Vervielfältigungen, Bearbeitungen, Übersetzungen, Mikroverfilmungen und die Einspeicherung und Verarbeitung in elektronischen Systemen.
Die Wiedergabe von Gebrauchsnamen, Handelsnamen, Warenbezeichnungen usw. in diesem Werk berechtigt auch ohne besondere Kennzeichnung nicht zu der Annahme, dass solche Namen im Sinne der Warenzeichen- und Markenschutz-Gesetzgebung als frei zu betrachten wären und daher von jedermann benutzt werden dürften.
Der Verlag, die Autoren und die Herausgeber gehen davon aus, dass die Angaben und Informationen in diesem Werk zum Zeitpunkt der Veröffentlichung vollständig und korrekt sind. Weder der Verlag noch die Autoren oder die Herausgeber übernehmen, ausdrücklich oder implizit, Gewähr für den Inhalt des Werkes, etwaige Fehler oder Äußerungen.

Lektorat: Stefanie Laux, Stefanie Loyal

Gedruckt auf säurefreiem und chlorfrei gebleichtem Papier

Springer Fachmedien Wiesbaden ist Teil der Fachverlagsgruppe Springer Science+Business Media
(www.springer.com)

Inhalt

Vorwort 7

2 Einleitung 11
   2.1 Zwei Beispiele zu Restorative Justice 11
   2.2 Status quo und Vorausschau 13
   2.3 Überblick zu den unterschiedlichen Verfahren von
        Restorative Justice 15
   2.4 Die restaurative Idee in praktischer und formaler Weise 17
   2.5 Zwei beispielhafte Reaktionen zum Ansatz von Restorative
        Justice als neuem Weg 18

3 Restorative Justice 21
   3.1 Die Situation von Täter und Opfer im Strafverfahren 21
   3.2 Definition und Grundidee von Restorative Justice 28
   3.3 Retributive Justice versus Restorative Justice 33
   3.4 Verletzung und Heilung 35

4 Restorative Social Work im theoretischen Kontext 43
   4.1 Der Diebstahl unserer Konflikte 43
   4.2 Zwischen Gemeinschaft und Gesellschaft 44
   4.3 Moderne und traditionelle Problembearbeitungspraktiken 46
   4.4 Kombinierte Handlungsorientierungen als Renaissance
        gemeinschaftlicher Hilfe 55
   4.5 Indigenisierte Soziale Arbeit 58
   4.6 Nils Christies Schlussfolgerung 63

5 Täter-Opfer-Ausgleich – die etablierte Form von
   Restorative Justice 65
   5.1 Ablauf des Täter-Opfer-Ausgleichs 68

5.2 Die Rolle des Vermittlers 72
5.3 Das Potential des Täter-Opfer-Ausgleichs 73

6 **Family Group Conference / Familienrat** 75
6.1 Historische Entwicklung 75
6.2 Youth Justice Family Group Conference 77
6.3 Beispiel einer Youth Justice Conference 81
6.4 Familienrat (Care and Protection Family Group Conference) 82
6.5 Beispiel eines Familienrats 85

7 **Gemeinschaftskonferenzen und Sozialnetzkonferenzen** 91
7.1 Gemeinschaftskonferenzen 91
    7.1.1 Vorbereitungsphase 94
    7.1.2 Konferenz 94
    7.1.3 Vergleich von Täter-Opfer-Ausgleich und
          Gemeinschaftskonferenz 96
    7.1.4 Beispiel einer Gemeinschaftskonferenz 97
7.2 Sozialnetzkonferenz 99
7.3 Beispiel einer Sozialnetz-Konferenz 100
7.4 Die Ziele von Gemeinschafts- und Sozialnetzkonferenzen 101

8 **Verhandlungen im Kreis: Talking Circles, Friedenszirkel
und Soziokratie** 103
8.1 Zwei Kontrastbeispiele 103
8.2 Begriff und Herkunft 104
8.3 Die Kreisform 105
8.4 Friedenszirkel in modernen Kontexten 107
8.5 Zur Methodik von Friedenszirkeln 108
8.6 Pilotprojekt zu Kreisprozessen 112
8.7 Kreisverfahren im Strafvollzug 116
8.8 Soziokratie in Organisationen 118

9 **Die Elemente von Restorative Justice dargestellt an einer
ungewöhnlichen Begegnung im Trojanischen Krieg** 121
9.1 Eine ungewöhnliche Begegnung 121
9.2 Was macht Restorative Justice aus? 122

Literaturverzeichnis 131

Vorwort 1

Berlin – Paris – New York, Passkontrolle: „The purpose of your visit, Sir?" „I am giving a speech at a conference about 'restorative justice'", antworte ich verschlafen und denke: ‚Die Amerikaner wollen es aber genau wissen.' „What is restorative justice?" Was soll das jetzt? Will er ein Fachgespräch mit mir führen oder ist das typisch amerikanische Aufgeschlossenheit? „I cannot explain you that because I do not really know what ‚restorative justice' means." „Hey man, are you telling me, you are giving a speech about something you do not know what it is?" Meine fachlichen Defizite bringen mich in Schwierigkeiten. Ich hätte den Vortrag nicht zusagen sollen. Der Grenzbeamte legt den Einreisestempel weg und schaut mich auffordernd an. Was ich sagte, hört sich in der Tat widersprüchlich an: einen Vortrag über etwas halten, was man nicht kennt. Wenn ich jetzt nicht fachlich nachlege, falle ich unter ‚verdächtig'. „I am not talking *exactly* about ‚restorative justice'. The talk will be about ‚family group conferencing'." „And what is family group conferencing?", schießt mir die Antwort entgegen. Interessiert ihn das jetzt wirklich oder hängt davon meine Einreiseerlaubnis ab? Mein Gott, was ist eine family group conference? Wie soll man das einem Grenzbeamten erklären? Ich erwäge zu antworten, dass es zu lange dauern würde, ihm das zu erläutern, das unentwegt auf mich gerichtete, insistierende Augenpaar überzeugt mich jedoch, einen kleinen Fachvortrag zu halten: Darüber, dass es für Straftäter gut ist, wenn sie eine Gelegenheit bekommen, etwas wieder gut zu machen, dass sie das besser schaffen, wenn ihnen ihr ganzes Netzwerk hilft, dass dadurch die Bindungen im Netzwerk gestärkt werden, dass es aber nicht einfach ist, viele Leute zusammen zu trommeln, aber wenn es gelingt, hat auch die Gesellschaft was davon und die Geschädigten, weil Konflikte eben keine Krankheiten sind, sondern soziale Gelegenheiten, sich miteinander zu beschäftigen. Eine Gesellschaft, die ihre Konflikte sozial und nicht formal mit Gerichtsverhandlungen oder professionell mit Sozialarbeitern löst, ist eine lebendigere, lebenswertere Gesellschaft. All das sage ich, rede jetzt schon etwa fünf Minuten, ohne dass es dem Mann in Uniform irgendwie langweilig zu werden scheint. Im Gegenteil, wenn etwas nicht präzise formuliert ist, legt er den Kopf schräg und runzelt die Stirn, was wahrscheinlich so viel heißt wie: ‚Erklären Sie das mal, wenn Sie hier rein wollen!' Nach einer gefühlten Ewigkeit kommt endlich ein erlösendes „Sounds good! Welcome to the United States of America! Was I nosy enough to show you that my job here needs also a lot of this social things you are talking about?" Rumms – der Stempel kracht in den Reisepass: „ADMITTED – DEPARTMENT OF HOMELAND SECURITY". Ich bedanke mich und schreite stolz über meinen ersten internationalen Erfolg in Richtung New York City. Jetzt bin ich hellwach und hätte eigentlich Lust zum Weiterreden. Könnte er Recht haben? Sieht man „Family Group Conference" zu eng, wenn man es als eine Methode der *Sozialen Arbeit* begreift, oder überhaupt als *professionelle Methode*? Eines ist jedenfalls deutlich geworden: Ich brauche ein klareres Verständnis von ‚restorative justice'. Bislang habe ich ja nicht einmal eine Idee, wie man das ins Deutsche übersetzen könnte. Mit diesem Vorsatz fahre ich zur 12. Weltkonferenz des International Institutes for Restorative Practices: zum Thema „Restoring Community in a Disconnected World".

Szenenwechsel: Halle/Saale. Ein kleiner Sitzungssaal im Amtsgericht. Drei junge Männer auf der Anklagebank – neben ihnen ihre Verteidiger. Auf einem Podest, hinter massiven Holzpanelen, sitzen eine Richterin und zwei Schöffinnen der kleinen Öffentlichkeit gegenüber, die zur Verhandlung gekommen ist. Dazwischen, in der Mitte des Raumes, ohne Deckung nach vorne oder hinten, sitzt ein junger Mann, der Geschädigte. Links neben ihm hat mein Kollege als Prozessbegleitung Platz genommen. Er bildet eine Art Sichtschutz zur Anklagebank, wo die drei jungen Männer sitzen, denen man ansieht wie unwohl sie sich fühlen, obwohl sie eine gewisse lässige Männlichkeit an den Tag legen. Die Anklage ist Raub und Körperverletzung. Drei gegen einen. Die Richterin stellt Fragen an den jungen Mann in der Mitte, sie fragt ihn nach dem „Tathergang", nach dem „Tatzeitpunkt". Was genau ist passiert? Wer hat was getan? Hin und wieder wendet sie sich an einen der Angeklagten, was er dazu zu sagen habe. Schließlich möchte die Richterin wissen, mit welchen Folgen das Opfer seit dem Überfall zu leben hat. Der junge Mann schluckt und zählt auf: Er könne nicht mehr alleine rausgehen, bekomme Panikattacken mit Herzrasen, habe Gedankenkreise, nachts wache er schweißgebadet auf, ihm falle es schwer, sich zu konzentrieren, er könne zur Zeit nicht arbeiten gehen, immer wieder durchlebe er in Flashbacks den Überfall. Er habe eine Therapie angefangen, um mit dem Erlebten umgehen zu lernen. Sein ganzes Leben sei nicht mehr so wie es war. Das Ereignis habe alles umgeworfen und unsicher gemacht, was vorher Halt gab und sich sicher anfühlte. Einer der Täter habe ihm bereits vor Verhandlungsbeginn einen Entschuldigungsbrief geschrieben, wahrscheinlich weil das Punkte für die

1 Vorwort

Verhandlung bringe. Klar, der wolle eine weniger harte Strafe bekommen... Dann meldet sich der Verteidiger eines anderen Angeklagten zu Wort und kündigt an, dass auch sein Mandant sich entschuldigen wolle. Der geschädigte junge Mann möchte davon nichts hören, doch die Richterin lässt den Angeklagten gewähren, der dann davon erzählt, wie er selbst Opfer geworden sei und wisse, wie sich das anfühle. Seit dem ihm das passiert sei, trage er immer ein Messer bei sich, um sich sicherer zu fühlen. Der junge Mann in der Mitte des Raumes bittet die Richterin darum, dass er aufhören möge zu sprechen. Er wolle das nicht hören. Die Richterin entlässt ihn aus dem Zeugenstand und wir verlassen zusammen mit dem jungen Mann den Gerichtssaal. Unser Klient wirkt erschöpft, aufgewühlt und erbost. Er wollte keine Entschuldigung, denn die ändere nichts an seiner Situation. Er möchte eine gerechte Strafe. Für ihn war die Vernehmung wie ein zweiter Angriff, auf den er zwar durch die Opferhilfe etwas vorbereitet war, aber dennoch fühlte er sich zu sehr konfrontiert mit den Einlassungen der Täter, die einstudiert auf ihn wirkten.

Die Arbeit bei der Opferhilfe Sachsen war meine erste Arbeitsstelle als angehende Sozialarbeiterin. Opferhilfe bedeutet, zu Opfern gewordene Menschen darin zu unterstützen, ihre Rechte geltend zu machen. Die Opferhilfe bereitet Menschen auf das Gerichtsverfahren vor, damit sie im Gerichtssaal nicht allzu sehr überrascht werden: von der Sprache und Strenge und davon, dass ihre Gefühle, ihr Leiden und ihre Meinung nicht ausschlaggebend sind, sondern sie als Zeugen nach „Fakten" gefragt werden und nur auf Fragen zu antworten haben. Die Prozessbegleitung bietet einen kleinen Halt, doch Worte durchdringen auch den Sichtschutz, den die Begleitenden geben können. Im beschriebenen Fall hat sich die Richterin für das Gefühlsleben unseres Klienten interessiert, sie nahm Anteil daran. Alles in allem war es ein fairer Prozess, rational durchgeführt, strukturiert, am Ende standen drei Verurteilungen. Doch zufriedenstellend war das für unseren Klienten nicht. Er lebte weiter mit den Folgen und fühlte sich allein gelassen. Ein korrekter und fairer Prozess, eine engagierte Richterin plus Prozessbegleitung: das Verfahren ist entsprechend seiner Standards optimal geführt worden und dennoch ist das Ergebnis unbefriedigend. Dass formal stimmige Verfahren nicht selten sozial mangelhafte Ergebnisse zeitigen, begann mich mehr und mehr zu beschäftigen und damit die Frage, ob es Alternativen gäbe, mit mehr Dialog, mit echten, nicht nur strategisch inszenierten Gefühlen, in denen sich Opfer und Täter wirklich etwas zu sagen haben, vielleicht sogar Frieden finden können, wo etwas wieder gut gemacht werden und Versöhnung geschehen kann. Der Täter-Opfer-Ausgleich ging meines Erachtens in die richtige Richtung, war aber noch zu sehr am Gerichtsverfahren und zu wenig am sozialen Leben der Betroffenen orientiert. Viel wurde dazu schon geschrieben und irgendwie erschien mir dieses Verfahren schon etwas erstarrt, ohne sein Potential ausgeschöpft zu haben. Es musste mehr möglich sein. Ich durchstöberte

Bibliotheken, recherchierte im Internet und stieß auf „Restorative Justice" und einen für meine Fragen vielversprechenden Fachdiskurs, der fast ausschließlich auf Englisch stattfindet...

Auch heute, einige Jahre nach Gerichtsverhandlung und Grenzkontrolle, haben wir noch keine befriedigende Übersetzung für „Restorative Justice". Das ist deswegen schwer, weil „justice" sowohl „Rechtssystem, Gerichtsverfahren" als auch „Gerechtigkeit" bedeutet, also sowohl den Prozess als auch das Ergebnis, sowohl die Methode als auch die Philosophie meint. Zudem mutet „restaurieren" im Deutschen technisch und konservativ an. Der ausgesprochen postmoderne vielschichtige, transdisziplinäre Zugang zu Geschichte, Kultur, sozialer Funktion und die Verbindung des Historischen mit dem Aktuellen kommt allenfalls bei längerem Nachdenken ins Blickfeld. Dennoch gibt es in Deutschland einige Fachkreise, die sich mit diesem Thema – allerdings nicht unter derselben Begrifflichkeit – auseinandersetzen. Es werden unterschiedlichste Konferenzen gehalten und jeder Fachkreis diskutiert und berichtet in anderen Magazinen darüber. Das bedeutet, dass es keinen umfassenden Diskurs gibt, sondern verschiedene kleinere Strömungen. Gleichzeitig existiert hierzulande ein breiter Fachdiskurs zu „Lebensweltorientierung", die der Frage nachgeht, wie ein verrechtlichtes, verwissenschaftlichtes, professionalisiertes und institutionalisiertes Hilfesystem selbstreflexiv seine eigenen Nebenwirkungen, die die beabsichtigten Wirkungen nicht selten konterkarieren, in den Blick bekommt. „Restorative Justice" und „Lebensweltorientierung" thematisieren Ähnliches, sind aber in der fachlichen Diskussion selten miteinander verbunden. Vielleicht deswegen, weil in der englischen Literatur „lifeworld orientation" nicht vorkommt und in der deutschen selten „restorative justice". Noch weniger präsent ist in Deutschland der Fachdiskurs zur „indigenisierten Sozialen Arbeit", der auf Konfliktlösungspraktiken aus alten Zeiten setzt, die heutzutage nur noch bei indigenen Völkern gut zu studieren sind und in modernen Gesellschaften oft durch moderne System überlagert oder ganz abgelöst wurden. „Indigenisierte Soziale Arbeit" stellt sich zur Aufgabe, solche traditionellen Formen zu finden und mit modernen Hilfemethoden und Verwaltungsverfahren zu verbinden, weil die alten Praktiken immer viele Menschen beteiligten und dadurch eine heilsame gemeinschaftsbildende Nebenwirkung hatten. Hier wäre von Bürgern mit Migrationshintergrund einiges zu lernen, bislang wird ja eher erwartet, dass sich diese schnell an die hiesige Kultur anpassen und ihre eigenen Traditionen über Bord werfen. Auch in der Zusammenschau der parallel laufenden Fachdiskussionen steckt vermutlich Potential, das wir mit diesem Buch zusammenbringen, um methodisch zu veranschaulichen, was „Restorative Justice" ist und welcher soziale Mehrwert darin liegt.

Einleitung 2

2.1 Zwei Beispiele zu Restorative Justice

Die Schüler zweier Schulen, die sich zum Baseballturnier getroffen hatten, kamen nach der Mittagspause zum Sportplatz zurück, als einer von ihnen für alle vernehmbar rief: „Leute, wir müssen einen Zirkel machen. Einer von uns hat eben im Laden etwas mitgehen lassen!" Er schaute den Betreffenden scharf an: „Du machst uns Schwierigkeiten. Wir können uns in dem Geschäft nicht mehr sehen lassen. Der Besitzer ist in Ordnung, man sollte ihn nicht beklauen!" „Was für eine Scheiße redest du da!" entgegnete der beschuldigte Junge. Die Schüler der auswärtigen Schule schauten verdutzt. Sie wussten von dem Diebstahl, aber dass dies von einem Schüler an die große Glocke gehängt wurde, war neu für sie. Die Schüler der Heimschule wussten, was gemeint war. Sie setzten sich ins Gras und luden die Gäste ein, dasselbe zu tun. „Wir sollten darüber sprechen, was geschehen ist, was das mit uns macht und was jetzt passieren soll", begann einer der Wortführer, „wer fängt an?" Ein kleiner Junge mit Mittelscheitel und Brille nahm die Aufforderung an: „Wenn du bei Roeder stiehlst, dann frage ich mich, ob du nicht auch meine Sachen klaust". „Ich mag Roeder, dem der Laden gehört. Du solltest hingehen und die Redbull bezahlen!" meinte ein anderer. „Wir wollen nicht, dass uns die Leute in der Nachbarschaft für Ladendiebe halten. Wir arbeiten hier an unserem Ruf", sagte ein dritter. „Ich hab' nix genommen", protestierte der Dieb und produzierte einen Schwall von Entgegnungen. Die Schüler der besuchenden Klasse blieben stumm, offensichtlich irritiert von diesem seltsamen Schauspiel. Nur der Beschuldigte verteidigte sich hartnäckig. Als die Forderungen nicht aufhörten, zischte er schließlich: „Ich geh' da nicht hin. Ich bin doch nicht blöd, der holt die Bullen". „Nein, wird er nicht. Roeder ist okay. Ich werde mitgehen, wenn du willst", entgegnete ein dunkelhaariger Junge. „Ich auch", fiel ein weiterer ein. Genervt von dem ganzen Hin-und-Her knurrte einer der Mitschüler des Redbull-Trinkers: „Hey Alter, wir wollen hier Baseball spielen und das Turnier gewinnen. Keine Ahnung, was das hier soll. Geh einfach hin und zahl' die Dose und fertig. Ich will spielen!" Das war der Abschluss des „Talking Circle". Der Dieb stand auf und verschwand in Richtung Laden. Dieser Vorfall ereignete sich 1983 an einer Schule in Pennsylvania und wird von Wachtel in „Dreaming of a New Reality" (2013) als ein Beispiel für das beschrieben, was die englische Fachsprache „Restorative Justice" nennt. Normalerweise würden die Lehrer, wenn sie es sehen bzw. sehen wollen, das Verhalten dieses Schülers ansprechen und müssten, wenn sie nach den offiziellen Richtlinien vorgingen, den Schüler disziplinarisch belangen, einen verschärften Verweis ausstellen o. ä. Die Klasse hätte damit nichts zu tun und würde sich entsprechend zurücknehmen. Die Verantwortung und die Kompetenz läge bei Lehrern, Schulsozialarbeitern, Polizisten, Staatsanwälten – bei den Offiziellen. In diesem Fall war es die „community", die nicht nur ein Problem selbst löste, sondern sich als Community bestärkte.

In einer australischen Vorstadt wurde der Motorroller eines Mädchens von der Veranda hinter ihrem Kinderzimmer gestohlen – materiell kein großer Verlust, keine Sachbeschädigung, keine Gewalt. Der ermittelnde Beamte rief einige Tage später die Mutter an. Die zwei Täter waren gefasst und er bat sie, zu einer sogenannten „Youth Justice Conference" zu kommen. „Nein. Wir werden uns doch nicht noch mit denen an einen Tisch setzen. Meine vier Kinder sind geschockt und verängstigt." Erst nach weiteren persönlichen Gesprächen mit dem Beamten waren die Mutter und ihre vier Töchter (16, 12, 10, 8) dazu bereit, der „Gemeinschaftskonferenz" beizuwohnen, weil ihnen der Polizist einige gute Gründe genannt hatte. In der Konferenz war die Mutter sehr offen. Sie schilderte den beiden Jungen (12 und 11), welche emotionalen Wirkungen ihr Diebstahl hinterlassen hatte: Das Mädchen, dem der Roller gehört, habe jetzt Angst, wenn sie in ihrem Zimmer sei. Sie fürchte, dass jemand über die Veranda ins Zimmer steigen könne. Ihre Schwestern trauten sich, wenn es dunkel wird, nicht mehr alleine vor das Haus. Die Achtjährige komme nachts zu den Eltern ins Bett.
  Weil der Roller wieder da und nicht beschädigt war, ging es bei der Konferenz nicht um finanziellen Ausgleich, sondern vor allem um eine ehrliche Entschuldigung. Die beiden jugendlichen Täter schämten sich – auch ihre Eltern. Eigentlich wäre es nur so eine spontane Idee gewesen. Sie hätten dabei nicht an die Menschen in dem Haus gedacht, geschweige an das emotionale Unheil ihrer Tat. Man sah ihnen an, wie peinlich es war, mit den eigenen Eltern und Großeltern dazusitzen.
  Zwei Tage später rief die Mutter den Polizisten an und erzählte ihm, wie dankbar sie war. Ihre Töchter hätten nicht mehr aufgehört, über die Konferenz zu sprechen. Eines der Mädchen hätte sich sogar richtig für die Jungs eingesetzt. Die wären doch okay, ganz wie die Jungs in ihrer Schulklasse. Das Treffen habe das imaginierte

Böse real, normal und vor allem zu kleinen Jungen gemacht, vor denen man keine Angst mehr habe. Furcht sei in ihrer Familie kein Thema mehr.

Das Zusammentreffen mit den echten Menschen, das Erleben realer Emotionen, die Erfahrung von Verständigung und Verständnis hat soziale Effekte, die ein formales Verfahren, dessen Ausgang man vielleicht nur schriftlich erfährt, nie erreichen kann. Ursprünglich waren „Gerichtsprozesse" Verhandlungen, in denen die Betroffenen einen materiellen und emotionalen Ausgleich verhandelten und sich dabei, wenn alles gut lief, auch irgendwie miteinander verständigten. Der „Gerichtsprozess" der oben geschilderten Gemeinschaftskonferenz knüpft an dieses alte Verhandlungsmodell an und zeigt, dass neben dem Urteil gegenseitiger Ausgleich und Heilung entscheidend sind und dass ein *sozialer* Prozess mit den tatsächlich Beteiligten für die Opfer wichtiger sein kann, als ein formaler Prozess mit professionellem Personal.

2.2 Status quo und Vorausschau

Das vorliegende Buch stellt Handlungstheorien von „Restorative Justice" vor, die in dieser Zusammenstellung in der deutschsprachigen Literatur noch nicht beschrieben worden sind. Man findet in der Fachliteratur zwar Ausführungen zu einzelnen Verfahren, wie z. B. den Täter-Opfer-Ausgleich, aber kein umfassendes methodisches Kompendium. Unser Anliegen ist es, den Ansatz „Restorative Justice" vorzustellen, der bisher in Deutschland nur punktuell Aufmerksamkeit bekommen hat – es wurde noch nicht einmal ein deutscher Fachbegriff dazu eingeführt. Wir erklären und verdeutlichen, welche Haltung und Ziele die Grundlage dieses Gerechtigkeitsverständnisses darstellen, das „eine alternative Grundlage für den Umgang mit Unrecht" (Zehr 2002, S. 11) bietet. Dazu stellen wir Adaptionen der restaurativen Idee vor. Sie haben stets einen Praxisbezug und zeigen, wie Restorative Justice tatsächlich umgesetzt und gelebt werden kann – und das nicht nur im Rahmen der Justiz, sondern auch in Arbeitsfeldern der Sozialen Arbeit.

Die Grenzen unseres von Experten und formalen Verfahren gesteuerten Justizsystems werden immer wieder deutlich. Brisante aktuelle Fälle, die in den Medien kommentiert, begleitet und auch ausgeschlachtet werden, lassen Menschen den Nutzen und die Nachhaltigkeit der formalen Vorgehen der Justiz bezweifeln. Trotz ausgefeilter juristischer Verfahrensweisen in Strafsachen entstehen immer wieder sozial unzulängliche Abläufe und Ergebnisse, die Betroffene, Beteiligte und Bürger unzufrieden machen. Manche sagen, dass unser „Strafprozess soziale Wunden und Konflikte vertieft, statt zu Heilung und Frieden beizutragen" (ebd., S. 10).

Das ist ein Zeugnis, das existenzielle und essenzielle Fragen über uns Menschen und unseren Umgang mit Konflikten aufwirft. Dieses Buch vereint Ideen, wie wir mit menschlichen Konflikten und Problemen auf eine ausgesprochen soziale, menschliche Weise umgehen können, welche Ressourcen wir dafür nutzen können und wie wir uns gegenseitig umfassender wahrnehmen können. Es sind Handlungsvorschläge, die nicht maßregeln wollen und weder einengen noch eingrenzen sollen. Wir Menschen tun oft Dinge ohne genau zu wissen, warum wir sie genau so tun. Doch wir können unsere Handlungsmuster auch hinterfragen: Warum tun wir etwas? Warum tun wir es auf eine bestimmte Weise? Gäbe es Alternativen? Könnten wir anders handeln? Neue Ideen können so geboren werden und Veränderungen bewirken. Dies erfordert den Wunsch nach und das Vermögen zu einer reflexiven Modernisierung (Beck 1993), die sich ihre eigenen blinden Flecken und Nebenwirkungen als unvermeidbaren Teil ihrer selbst bewusst werden und Wege finden will, die gemeinsam gegangen werden können.

Restorative Justice, mit ihren Synonymen „wiederherstellende Gerechtigkeit", „aufarbeitendes Recht" (von Trotha 1997), restaurative Gerechtigkeit, Wiedergutmachung, ausgleichende Gerechtigkeit, „transformative justice" (Morris 2000) fußt nach Zehr (2009, S. 147) auf folgendem Gedankengang:

Wenn Menschen oder Beziehungen verletzt wurden, entstehen Bedürfnisse. Diese Bedürfnisse zeigen Verpflichtungen auf. Der Verantwortung nachzukommen, die Dinge wieder ins Lot zu bringen und Verletzungen zu heilen, ist ein gerechter und achtsamer Weg mit schädigendem Verhalten umzugehen, der der Gemeinschaft als Ganzes gut tut. Dabei geht es um Ausgleich, Verantwortungsübernahme und Beteiligung. Die wesentlichen Fragen sind: Wer wurde verletzt? Welche Bedürfnisse und Verantwortlichkeiten sind daraus entstanden? Wer von Täterseite, Opferseite und Gemeinschaftsseite ist zu beteiligen?

Restorative Justice basiert auf einer Philosophie, die manchen fremd vorkommen mag. Während es immer mehr um das Eigene, das Individuelle, um persönliche Freiheiten, um Selbstverwirklichung und das Umsetzen eigener Ideen geht, setzt Restorative Justice auf die Kraft von Gemeinschaft, auf sozialen Austausch, auf wechselseitiges Verständnis, auf Versammlung und Verbindung. Gerechtigkeit assoziieren die meisten mit Gericht, Gerichtsverfahren und rechtmäßigen, vermeintlich gerechten Urteilen. Diese Gerechtigkeitsvorstellung braucht das formale Recht. Auf ein Fehlverhalten folgt eine Konsequenz, eine Sanktion, eine Strafe. Gut, hin und wieder findet man ein Urteil nicht gerecht, aber das Rechtssystem scheint dennoch alternativlos. Welche Grundannahmen und welches Menschenbild stehen eigentlich hinter diesem weit verbreiteten Gerechtigkeitsbegriff? Um diese Frage zu klären, schauen wir zunächst auf unser Rechtssystem, auf die Entwicklung von Gerechtigkeit, unter besonderer Berücksichtigung von Opfer- und Täterseite (sofern man diese Seiten so klar definieren kann). Darauf aufbauend beschäftigen wir uns schließlich mit Restorative Justice. Hierbei geht es zunächst um Konflikte bzw. Grenzüberschreitungen und deren Bearbeitung. Die restaurative Gerechtigkeitsidee sieht alternative Lösungen zu Gerichtsverfahren und sanktionierenden Urteilen vor, die nicht *Bestrafung* der Täter zum Ziel haben, sondern die Verbesserung von menschlichen Beziehungen durch ehrlichen und freiwilligen Austausch.

2.3 Überblick zu den unterschiedlichen Verfahren von Restorative Justice

Als eingeführte und bekannte Form gilt heute in Deutschland der *Täter-Opfer-Ausgleich*, der durchaus restaurative Momente hat. Andere Konzepte gehen wesentlich weiter und möchten neben der materiellen und immateriellen Wiedergutmachung auch eine Wiedergutmachung und Heilung von seelischen und sozialen Verwundungen oder Rissen erreichen.

In *Gemeinschaftskonferenzen* und *Sozialnetzkonferenzen* werden Jugendliche und Erwachsene mit den ihnen wichtigen Menschen umgeben. Diese großen und langen Zusammenkünfte im sozialen Unterstützerkreis lassen Wiedergutmachung als ausgesprochen soziales Geschäft erkennen. Wenn man sich zusammensetzt, zusammen Pläne macht und einander hilft, entstehen neben konkreten Hilfeleistungen auch immer inklusive und integrative Effekte. Der Fokus liegt auf den Menschen und wie sie zueinander stehen, er liegt nicht auf formalen Rechtsverfahren, losgelöst von den konkreten Personen. Die Idee ist nicht neu: Indigene Stämme leben uns die ausgleichende Gerechtigkeit vor und praktizieren sie über Generationen hinweg noch heute. Zeit, die man gemeinsam verbringt, Pläne, die gemeinsam entwickelt werden, Rituale die zusammen begangen werden, bauen Verbindungen zwischen den Menschen auf und stärken den Zusammenhalt. Mit dieser Einstellung geschieht eine Erweiterung dessen was „Restorative Justice" meint. Nicht nur Straftaten bieten einen Anlass zusammen zu finden, das wiederherstellende Moment lässt sich auch auf andere Bereiche des Lebens übertragen.

Restorative Social Work geht über den Strafrechtsbereich hinaus und wendet die restaurativen Prinzipien und Methoden in unterschiedlichen Lebensbereichen und Arbeitsfeldern der Sozialen Arbeit an. Wir schauen dabei auf Problem- und Konfliktbearbeitungspraktiken, die im Laufe der Zeit professionell „enteignet" wurden. Die Forderung „Gebt den Menschen ihre Konflikte zurück!" wird diskutiert. Familien beispielsweise sollten ihre Problem nicht durch professionelle Diagnosen und daran gekoppelte Hilfeformen weggenommen werden. Hilfe, die statt „Hilfe zu verschreiben" „Vertrauen zwischen Menschen erzeugt", gehört normalerweise nicht zum Standardangebot unserer Sozialindustrie, die eher Passivität, Expertenabhängigkeit und Hilflosigkeit lehrt als ein aktives, selbstständiges Suchen und Verknüpfen sozialer Ressourcen. Heutzutage gilt es fast schon als normaler, sicherer und akzeptierter, sich professionell „verarzten" zu lassen, als im eigenen Kreis für sich die besten und verträglichsten Lösungen zu suchen. Soziale Vereinzelung im Hilfeprozess und individualisierende Diagnosen sind so alltägliche Nebenwirkungen unseres Hilfesystems, dass Alternativen dazu nicht mehr einfach zu denken sind.

Weniger Expertendominanz funktioniert nicht ohne Expertenhilfe – so paradox dies klingt. Eingeführte Hierarchien, Haltungen und Hilfen schaffen sich nicht von alleine ab. Mitunter bedarf es eines sehr entschlossenen professionellen Einsatzes, um gemeinsame Tätigkeit und gemeinsame Entscheidungen unserer Adressaten auszulösen und umzusetzen. Außerdem bewegen wir uns nicht im gesellschaftsfreien Raum. Bestimmte Rechte und Grundbedürfnisse, wie zum Beispiel das eines Kindes auf Schutz und Förderung, müssen eingehalten werden – auch dann, wenn die Betroffenen selbst ihre Pläne machen. Viele Familien sind bei aller Selbsttätigkeit auch auf professionelle Hilfen angewiesen. Diese müssen aber entlang lebensweltlicher Praktiken maßgeschneidert und mit Eigen- und Gemeinschaftsleistungen kombiniert werden. Dazu bedarf es professioneller Systemkenntnis, die auf Augenhöhe befragt und hinzugezogen wird, ohne dass ein Kompetenzgefälle entsteht. Dafür steht der *Familienrat* bzw. die *Family Group Conference*. Kreiszusammenkünfte wie *Talking Circles* und *Friedenszirkel* bauen wiederum auf alte indigene Traditionen. Das kreisförmige Zusammenkommen und kreisförmige Verhandeln ist ein dem Sozialen besonders angemessenes Format der Kommunikation. Die rituell genutzte Symbolik des Kreises bietet die Möglichkeit umfassender Partizipation. Der Kreis, der ja auch in demokratischen Gremien als ideale Positionierung der Akteure gilt, symbolisiert Gleichheit und Gemeinsamkeit. Dass diese uralten und modernen Kreisprozesse im modernen Hilfesystem keine Rolle spielen, hängt mit einem medizinischen, naturwissenschaftlichen Hilfeverständnis zusammen, wonach es beim Helfen in erster Linie um die technische Bearbeitung eines Problem geht. Eine soziale Vorstellung vom Helfen würde hingegen die verbindenden und integrierenden Energien des Helfens wichtiger nehmen als seine technischen, problemlösenden Komponenten. Kreisprozesse finden in verschiedenen Konstellationen und mit unterschiedlichsten Anliegen statt. Mit der *Soziokratie* wird die kreisförmige Kommunikation sogar zur Unternehmenssteuerung eingesetzt. Die soeben beschriebenen Themen lassen erahnen, welches Potential in der restaurativen Methodik liegt.

2.4 Die restaurative Idee in praktischer und formaler Weise

In der restaurativen Philosophie geht es im Kern um die Herstellung und Wiederherstellung von sozialen Beziehungen, Verbindungen, Bindungen, um die Erzeugung von Wertschätzung, Unterstützung und Heilung durch gemeinsames Handeln. Dabei wirkt die restaurative Idee wiederherstellend in *praktischer* und *formaler* Weise. *Praktisch* geht es darum, einen Zustand wieder herzustellen, der vor einem Problem, einem Konflikt oder einem Vergehen bestanden hat. Dass es dabei nicht um ein einfaches Zurückdrehen der Zeit gehen kann, ist evident. Ein Zurück-zum-Vorherigen ist nicht möglich, auch wenn es möglicherweise wünschenswert wäre, denn die Erfahrung muss nun einmal das Vorgefallene und Erlebte inkorporieren. Die Restauration muss deswegen die Form einer Synthese haben. Die Tat, der Konflikt und das Problem sind deswegen auch die Rohstoffe eines neuen Lebensentwurfs. Vielleicht kann dieser sogar reicher als der ursprüngliche sein, in jedem Fall ist er reicher an Erfahrung und er wird dann hilfreich sein, wenn er für die Betroffenen auf eine sinnvolle und stimmige Weise das Erlebte und das Erstrebte, das Alte und das Neue integrieren kann.

Auf *formaler* Ebene versucht die restaurative Philosophie – ohne die Vergangenheit zu verklären – Problemlösungspraktiken wieder zu entdecken oder wieder zu beleben (restaurieren), die vom technischen, wirtschaftlichen, rechtlichen und wissenschaftlichen Fortschritt verdrängt wurden. Ulrich Beck (1993) schreibt in der „Erfindung des Politischen", es ginge heute – angesichts allgegenwärtiger gesellschaftlicher Paradoxien und der unvermeidbaren Nebenwirkungen jeder wissenschaftlichen und technischen Neuentwicklung – nicht mehr um ein „Entweder-Oder". Jede vermeintliche Problemlösung schafft stets nicht intendierte neue Probleme. Die Frage sei deswegen nicht „Entweder-Oder", sondern wir lebten in einer Zeit des „Und". Wie lassen sich unterschiedliche, mitunter sogar widersprüchliche Handlungsweisen so verknüpfen, dass sie den komplexen, oft widersprüchlichen Erfordernissen unserer Zeit entsprechen? Mit restaurativer Philosophie könnte sich herausstellen lassen, dass traditionale, partikulare Lebenspraktiken und moderne, universalistische Wissenschaft eventuell nur oberflächlich im Widerspruch stehen. Vielleicht lässt sich aus ihrer Verbindung ein Zusammenklang schaffen, der die sozialen Zusammenhänge entstehen lässt, die mit kalter universalistischer Wissenschaft, Verwaltung und Recht allein nicht erzeugt werden können. Restaurative Philosophie belebt alte, dagewesene Praktiken *und* bettet sie in das ein, was wir heute an Strukturen und fachlichen Know-how zur Verfügung haben. Die Schwierigkeit besteht darin, dass restaurative Methodik nicht mit technischen oder ökonomischen Maßstäben von Effekt und Effizienz gemessen werden kann.

In unserer betriebsamen, auf technische Produktivität getrimmten Welt mag sie mitunter wie Verschwendung von Arbeitszeit an ein unsicheres, wissenschaftlich und verwaltungstechnisch nicht kontrollierbares soziales Unterfangen aussehen, das missachtet, was Soziale Arbeit dem Staatsapparat an vorbestimmter Wirkung abliefern soll.

2.5 Zwei beispielhafte Reaktionen zum Ansatz von Restorative Justice als neuem Weg

Einer Kollegin beschrieben wir in groben Zügen den restaurativen Gedanken und umrissen die dazugehörigen Methoden. Sie fand das offensichtlich interessant, fragte nach und reagierte trotzdem mit Ablehnung. Der zeitliche Aufwand der Zusammenkünfte, die manchmal Stunden dauern und keine festgesteckten Ziele haben, bereitete ihr unüberwindbare Schwierigkeiten. Die Kosten seien zu hoch. Wie sollen die Fachkräfte im Jugendamt das schaffen? Wie sollen all die Menschen des Netzwerkes zum Mitmachen bewegt werden? Angesichts der knappen Mittel und der zu erreichenden Ergebnisse seien einstündige Hilfeplangespräche im Halbjahresrhythmus die angemessenere Vorgehensweise, weil wirtschaftlicher, transparenter, verwaltungsmäßiger und überprüfbarer. Der soziale Mehrwert sozial stimmigerer Verhandlungsformen hatte für sie in den Amtsstuben keinen Platz – zumindest wog er für die Kollegin den notwendigen Aufwand nicht auf, denn ihr Bewertungsmaßstab war wirtschaftlich: ein Streben nach schnellen Verhaltensveränderungen im Sinne der Anpassung an gegebene Ziele. In einem einstündigen, expertendominierten Hilfeplangespräch sind keine neuen sozialen Verbindungen und Entwicklungen zu erwarten, allenfalls die Zustimmung zu individualisierenden verwaltungskonformen Problembearbeitungsstandards. Horkheimer und Adorno (1988) sprachen von „instrumenteller Vernunft", die nur das als vernünftig gelten lassen, was sich dem Gebot der herrschenden Zweckrationalität füge. Die eben beschriebene Situation spiegelt genau dies. Die Kollegin hat die zweckrationalen Standards so internalisiert, dass sie ihr alternativlos erscheinen bzw. alle Alternativen als unvernünftig, vielleicht sogar als übermütig verstanden werden müssen.

Im restaurativen Konzept geht es nicht um die Außerkraftsetzung moderner Rationalität, sondern um eine *Erweiterung* der Perspektiven und Handlungsoptionen, z. B. indem Rationalität und Emotionalität durch kommunikatives Handeln (Habermas 1988a) verbunden wird. Vielleicht ist so am Ende mehr menschliches Miteinander, mehr soziale Verbindung, mehr Integration möglich. Diese Optimierung lässt sich aber nicht mit quantitativen wirtschaftlichen Maßen messen,

2.5 Zwei Reaktionen zum Ansatz von Restorative Justice

sondern zeigt sich eher als gemeinsames Unternehmen der Aufmerksamkeit und Achtsamkeit – wie ja Wirtschaft an ihrem Beginn auch gemeint war, als Vereinigung der Kraft vieler zu einem gemeinsamen Projekt – ursprünglich bedeutete „company" (dt.: Firma, Unternehmen) nämlich „Geselligkeit" und „Kooperation".

Eine andere Kollegin erlebte ein Seminar mit Open-Space-Methode. Jede teilnehmende Person konnte frei aussprechen, was ihrer Meinung nach für das Thema wichtig war. Mit dieser Methode soll „Potenzial und Energie aller Beteiligten freigesetzt und Innovation, Problemlösung, Freude, Teamarbeit und Wandel" (inbetweener 2014) erreicht werden. Die Kollegin berichtete, wie ungewöhnlich es war, während der Open-Space-Methode bestimmte herkömmliche (Höflichkeits-) Regeln einmal nicht beachten zu müssen, sondern auf sich und seine Bedürfnisse zu schauen. Aber genau das hatte geholfen, persönlichen, zugewandten Austausch zwischen den Menschen zu ermöglichen, wenngleich die meisten Teilnehmenden einige Zeit brauchten, um sich umfänglich darauf einzulassen. Vor diesem aktuellen Hintergrund konnte sie der restaurativen Idee viel abgewinnen – obgleich sie noch nie von Dingen wie „Friedenszirkeln" gehört hatte. Durch die Selbsterfahrung des sozialen Austausches können vermeintliche rationale Barrieren (Zeitaufwand, Ziellosigkeit) anders bewertet werden. Der *Mehr*wert eines Zusammentreffens wird erfahren und dadurch wird die Investition in die Vorbereitung als lohnenswert gesehen.

An den beiden Beispielen ist zu erahnen, wie unterschiedlich die restaurative Idee je nach eigener (beruflicher) Erfahrung aufgenommen werden wird. Außerdem muss man neue Schuhe erst einmal einlaufen, ehe sie bequem sitzen, Änderungen müssen sich bewähren, neue Methoden müssen erprobt und ihr Mehrwert erwiesen werden. Hier und da werden Sie lesen können, dass es kleine Projekte bereits gibt und gab, die sich genau damit beschäftigen und den Mut haben, die neuen Schuhe anzuziehen und einzulaufen. Versuchen wir also, unseren Blick zu erweitern und neues Material auf unserem Weg mit einzubeziehen. Lassen wir uns inspirieren von alten Praktiken, die wir mit unseren heutigen zusammensetzen können, um Neues zu erschaffen!

Restorative Justice 3

„The issue of how we respond to wrongdoing, then, has important implications for our future." (Howard Zehr)

3.1 Die Situation von Täter und Opfer im Strafverfahren

Wir beginnen mit einem historischen Exkurs, um die Entstehung des deutschen Strafrechts zu illustrieren, zu dem Restorative Justice später als mögliche Weiterentwicklung dargestellt wird.

Historisch hat sich das Strafrecht von einem privaten Recht zum staatlichen Recht entwickelt. Die längste Zeit der Zivilisation wurden Verbrechen als eine Angelegenheit zwischen den beteiligen Menschen gesehen. Privatleute regelten ihre Schwierigkeiten untereinander mit ihren eigenen Mitteln, auch durch Rache. In der germanischen Zeit gab es nach einer Gewalttat einen Akt der Selbsthilfe: „die Fehde war die offene Kampfansage an die Sippe des Täters und darauf gerichtet, ihr eine äquivalente Einbuße zuzufügen" (Rüping 1991, S. 4). Der Rechtsweg war archaisch, aber keineswegs willkürlich. Er wurde nach einer bekannten und gesellschaftlich akzeptierten Ordnung vollzogen. Ausschlaggebend war dabei der Schaden, nicht der Rechtsbruch an sich. Die Rache, die zu einer Wiederherstellung des Gleichgewichts führte, bemaß sich an der subjektiven Auffassung des Ausmaßes der Schädigung. Die Gerechtigkeitsherstellung war primär ein Prozess der Ausgleichinteraktion zwischen Opfersippe und Tätersippe. Das englische „guilt" (Schuld) kommt vom althochdeutschen „gelt" (Zahlung). Es ging nicht um Moral sondern um Ausgleich. In „Ver*gelt*ung" und „Heim*zahlung*" ist die Kompensationsleistung noch ersichtlich. Weiterhin war die Schaffung von Gerechtigkeit eine Aufgabe von Gruppen. Nicht Geschädigter und Schädiger allein standen sich gegenüber, sondern größere soziale Gruppen, die sich allesamt durch die Tat betroffen fühlten.

Später, im Mittelalter, gab es sogenannte „Spiegel", die den Menschen den richtigen Rechtsweg und die Gesetze zeigen sollten. Das war in Deutschland der Beginn des gesatzten (Max Weber) Rechts. Als bedeutendste Rechtsaufzeichnung gilt der *Sachsenspiegel* (entstanden zwischen 1220 und 1235), der als Vorbild für weitere „Spiegel" fungierte. Es gab darin die ritterliche Fehde als Selbsthilfe, Sühneleistungen oder auch Geldleistungen mit privatrechtlichem Charakter. Mittelalterliche Gerichte hatten eine subsidiäre Funktion. Sie wurden angerufen, um einen Beteiligten zum Verhandeln zu zwingen und konnten wieder ausgeschlossen werden, wenn sich die Beteiligten einig waren.

Die ersten Kodifizierungen waren der Ausgangspunkt für eine fortschreitende Rationalisierung, d. h. eine „systematische Erfassung, ...begriffliche ... Abstraktion, und Deduktion von Rechtsentscheidungen aus allgemeinen Aussagen" (ebd., S. 33). 1532 wurde die Constitutio Criminalis Carolina (CCC) erlassen. Zur strafrechtlichen Verantwortung wurde dann jemand gezogen, wenn er schuldhaft, vorsätzlich oder auch fahrlässig handelte. An der CCC kann man drei Entwicklungen gut ablesen:

1. Generalisierung (Verallgemeinerung) des Rechts. Unterschiedliche Taten wurden zu Straftatbeständen zusammengefasst.
2. Individualisierung: Tat, Prozess und Strafe drehen sich mehr und mehr um individuelle Täter und Opfer. Die Familien und Sippen verlassen das Rechtsgeschehen.
3. Institutionalisierung: Neue, neutrale staatliche Instanzen bestimmen zunehmend das Geschehen. Das Gericht, als Vertreter des Staates, bekommt Verantwortung, Fakten zu erheben und Urteile zu finden. Dadurch wurde das Ausmaß von Willkür verringert, aber auch die Bedeutung der neuen Instanzen gegenüber den Beteiligten gestärkt, deren direkte Verhandlungen randständig wurden.

Die CCC wurde später Vorlage für viele weitere Landesgesetze. Mit der Zeit der Aufklärung im 17. Jahrhundert gab es eine entscheidende Entwicklung, mit der sich das Recht grundlegend zum Mittelalter unterschied. Nicht mehr Gott zu rächen war das Ziel von Strafe, sondern sie war lediglich die staatliche Reaktion auf den Normverstoß. Das vorhandene Naturrecht wurde zur wissenschaftlichen Systematik und Vorgehensweise erweitert – mit dem Zweck, „sichere Erkenntnisse zu gewinnen" (ebd., S. 54). Im 19. Jahrhundert angekommen, entwickelte sich der Begriff des Rechtsstaats[1]. 1871 entstand – vornehmlich auf Grundlage des 1851 erlassenen Preußischen StGB – das Reichsstrafgesetzbuch (RStGB). In der Mitte des 19.

---

1 Rechtsstaat = „Staatsgattung, die das Verhältnis zwischen Gewaltausübenden und Gewaltunterworfenen rechtlich regelt und von den Rechten den Individuums ausgeht" (Rüping 1991, S. 78)

3.1 Die Situation von Täter und Opfer im Strafverfahren

Jahrhunderts wurde auch der Strafprozess reformiert und die damals entstandene Konzeption bestimmt im Wesentlichen bis heute den Strafprozess. Beschuldigte werden in einem öffentlichen und mündlichen Verfahren von einem staatlichen Gericht verurteilt. Der Staatsanwalt vertritt die Anklage und der Beschuldigte hat als eigenverantwortliches „Prozess-Subjekt" das Recht, sich zu verteidigen (ebd., S. 83). Die Bürgerschaft tritt in Form der Geschworenen auf. Weitere Beteiligte können freiwillig als Zuschauer oder geladen als Zeugen teilnehmen. Im Grunde war das RStGB, trotz aller noch darauf folgenden Veränderungen, die Blaupause unseres heutigen StGB.

Heute werden Strafrecht und Strafverfahren als selbstverständlich angesehen und ihre Form ist für viele der Inbegriff von Gerechtigkeit. Dennoch gibt es Ideen und Visionen, die eine andere Richtung einschlagen und nicht nur Vorteile im Strafrecht sehen. Seit Ende der 1960er Jahre rücken immer mehr „sozialkonstruktive Alternativen zum tradierten Strafrecht ins Blickfeld" (Bals et al. 2005, S. 1). Daraus entwickelte sich ein öffentlicher und internationaler Diskurs, der die dysfunktionalen Auswirkungen des etablierten Strafrechtes thematisierte und schließlich als „Krise des sanktionierenden Strafrechtssystems" (ebd.) diskutierte. Restorative Justice gehört zu den Alternativen, die sich aus dem kritischen Diskurs entwickelten. Bevor der Blick auf die Ideen von Restorative Justice gerichtet werden soll, wollen wir uns zunächst noch dem „Ist-Zustand" zuwenden.

Fallbeispiel zur Situation von Täter und Opfer im Prozess

Ein Achtzehnjähriger sitzt in den Vereinigten Staaten im Gerichtssaal und wartet nach einem längeren Prozess auf sein Urteil. Nach einer verunglückten Kindheit, mangelndem Schulabschluss und ohne Arbeit sah er seine Freundin als einzigen Erfolg seines Lebens. Mit ihr wollte er weg aus dieser Stadt. Dafür braucht man Geld. In Spielfilmen hatte er gesehen, wie man Leuten Geld abnehmen kann, wenn man sie mit einer Waffe bedroht. So lauerte er einer gut gekleideten Frau mit einem Messer auf. Statt einfach ihr Geld herzugeben, wie er sich das vorgestellt hatte, geriet die Frau aber in Panik und daraufhin auch er. Mehrmals stach er auf sie ein und traf dabei ihr rechtes Auge, das sie deswegen verlieren sollte. Er selbst rief den Krankenwagen und ließ sich mit den Worten festnehmen: „Ich wollte das nicht! Ich wollte niemanden verletzen!"

Im Gerichtssaal spricht er von seiner Trauer über das, was er getan hat und dass er der Frau – wenn er könnte – sein eigenes Auge geben würde. Schließlich folgt der Richterspruch. Der Richter beginnt aufzuzählen, welche Ziele mit der Strafe für den jungen Mann verfolgt werden: Den Täter zur Verantwortung zu ziehen und zu bestrafen, die Gesellschaft vor ihm zu schützen, den Täter zu resozialisieren, andere vor solchen Taten abzuschrecken. Das Urteil des US-amerikanischen Gerichts lautet 20 Jahre Gefängnis ohne Möglichkeit zur vorzeitigen Haftentlassung durch gute Führung. Der 18-Jährige wird also 38 Jahre alt sein, wenn er wieder in Freiheit kommt. Der Richter schließt mit den Worten: „In der Haft werden Sie die schädlichen Neigungen verlernen, die Sie zu dieser schrecklichen Gewalttat getrieben haben."

Das auch für amerikanische Umstände harte Urteil für diesen bis dato unauffälligen Jugendlichen wurde von den Medien aufgegriffen und im ganzen Land diskutiert. Das Opfer[2], die junge Frau, wurde darüber nahezu vergessen. Wagen wir also einen Blick auf die junge Frau: Sie sagte vor Gericht aus, dass sie sicher war, umgebracht zu werden. Die Todesangst löste ihre panische Notwehr aus. Sie schlug auf den Täter ein, schrie so laut sie konnte und so nahm die Sache ihren tragischen Verlauf.

Auch wenn Opfer gerettet werden, bleibt das Gefühl von Verletzlichkeit und Terror noch lange bestehen und es kommen andere Gefühle hinzu: Ärger, Selbstzweifel, Erklärungsnot, das Erlebte ungeschehen machen wollen, um nur ein paar zu nennen. Opfer von Gewalttaten leiden unter Stimmungsschwankungen, werden misstrauisch, haben Albträume, wollen sich am Täter rächen, schämen sich aber gleichermaßen für ihre Blutrunst, fragen sich immer wieder, warum das geschehen ist, warum es *ihnen* geschehen ist, was sie selbst getan haben, wo ihre Schuld dabei liegt, ob sie für etwas bestraft wurden. Die Fragen sind schier unendlich. Das furchtbare Gefühl, jemandem ausgeliefert gewesen zu sein, verschwindet nach der Tat nicht. Manche Einbruchsopfer müssen ihr Haus verkaufen, weil sie sich darin nicht mehr sicher fühlen, und umziehen. Verbrechen verletzen die eigene Integrität. Jeder hat ein Bedürfnis nach Kontrolle über das eigene Leben. In der totalen Verfügungsmacht von jemand anderem zu stehen, hat eine extrem entmenschlichende Wirkung und hallt lange nach, weil etwas zerstört wurde, an das man fest geglaubt hat: dass die Welt irgendwie berechenbar und verstehbar ist. Man kann zwar nicht in die Zukunft sehen, dennoch ist das, was uns normalerweise zustößt, mehr oder weniger erwartbar oder vermeidbar. Verbrechen sind dagegen wie Krebsgeschwüre. Wir können uns nicht erklären, warum es uns traf und wir suchen nach Antworten, ohne die die Schuld sonst irgendwie an uns haften bleibt.

Die Frau hat sich wahrscheinlich mit solchen Gefühlen auseinander setzen müssen, während sie um den Verlust ihres Auges trauerte. Ihre Welt hat sich grundsätzlich verändert. Sie ist ein gefährlicher Platz geworden. Sie empfindet sich selbst

---

2   Die Begriffe Opfer, Geschädigte_r und Betroffene_r werden im weiteren Verlauf synonym verwendet.

3.1 Die Situation von Täter und Opfer im Strafverfahren

als zu naiv und vertrauensselig für die schlechten Leute, die es gibt. Sie redet immer wieder mit ihren Freunden über das, was ihr geschehen ist. Wenn sie Glück hat, schieben diese ihr nicht einen Teil der Schuld zu: „Du bist immer zu unvorsichtig gewesen!" Mit der Zeit vermeiden die Freunde allerdings das Thema. Sie finden, sie müsse langsam damit abschließen und sich wieder dem Leben zuwenden. Nicht selten verändern sich Partnerschaften und Freundschaften, weil die Verarbeitung eines Verbrechens die Synchronisation von Beziehungen bedroht.

Schauen wir auch noch einmal auf die Täterseite[3], also die des jungen Mannes: Im Strafprozess setzten sich juristisch ausgebildete Personen an seiner Stelle auseinander: Anwalt gegen Staatsanwalt. Er selbst war dabei eher Zuschauer. Entscheidungen über ihn wurden durch andere getroffen. Seine Gefängnisstrafe ist zwar extrem lang, aber der Freiheitsentzug als Strafe gilt als normal in einer modernen Gesellschaft. Im Gefängnis als totaler Institution ist so gut wie alles fremdbestimmt und auf Gehorsam angelegt. Der Jugendliche wird lernen zu gehorchen, unterwürfig zu sein. Was er nicht lernen wird, ist, sich selbst richtig zu entscheiden, also das, was vor der Tat sein Problem war. In den Jahren der Haft wird er keine wesentlichen Entscheidungen treffen. Er wird keine Miete bezahlen, keinen Arbeitsplatz finden und nicht mit einem Gehalt auskommen müssen. Er wird nicht verantwortlich sein für eine Familie, sondern vollständig abhängig vom Staat. Der Täter müsste eigentlich lernen, Frustrationen auszuhalten, Konflikte friedlich zu lösen, das Eigentum von anderen zu achten und seinen Selbstwert unabhängig von der Verfügung über andere zu definieren. Im Gefängnis wird er lernen, dass der etwas gilt, der andere dominiert, dass das eigene Ansehen von der Bereitschaft, gewalttätig zu reagieren, abhängt. Vielleicht wird er das Gefängnis gewaltbereiter verlassen als er es betreten hat, weil er Gewalt als einen üblichen Weg des Problemlösens erfahren hat. Wird ihn die Haftstrafe von weiteren Verbrechen abschrecken? Er wird gelernt haben, dass er dort überleben kann. Nach Jahren im Gefängnis wird das Gefängnis vielleicht sein Zuhause und das Leben draußen eher unsicher sein.

Mit diesen Fallbeispiel demonstriert Howard Zehr, Professor für Restorative Justice an der Eastern Mennonite University in Harrisonburg, in seinem Buch „Changing Lenses" (Objektive/Perspektive wechseln) das Paradigma retributiver[4] Gerechtigkeit[5] (Zehr 1991). Zehr beschreibt, dass das Opfer in der öffentlichen Wahrnehmung vergessen wurde, der Blick galt vor allem dem Täter und seiner Strafe. So auch

---

3 Der Begriff „Täter" ist eine problematische Pauschalisierung, die in der Darstellung deutlich gemacht und dekonstruiert wird.
4 vgl. dazu Kapitel „Retributive Justice versus Restorative Justice"
5 „Justice" im Originaltext bedeutet sowohl „Rechtssystem" als auch „Gerechtigkeit"

hierzulande – überfliegt man Schlagzeilen in Zeitungen über Mord und Totschlag, konzentrieren diese sich auf die Analyse der Täterperson (Biographie, vorangegangene Straftaten) und das Strafmaß.

Auch das deutsche Strafverfahren ist täterorientiert und lässt wenig Raum für die Sicht des Opfers – letzteres wird meistens lediglich als Zeuge geführt und dient der Justiz somit allein zur Wahrheitserörterung (vgl. Bals et al 2005, S. 1). Die Nebenklagevertretung[6] und das Adhäsionsverfahren[7] sind zwei Möglichkeiten, wie das Opfer seine Rechte wahrnehmen kann. Dabei bleiben die psychischen Folgen einer Tat weitestgehend unbeachtet – es wird ausschließlich den *rechtlichen* Ansprüchen des Opfers Rechnung getragen. Weiterhin ist im Strafprozess unter bestimmten Umständen der Ausschluss des Angeklagten während der Aussage des Geschädigten möglich[8]. Ist der Täter nicht geständig, muss das Opfer ihm in (fast) jedem Fall gegenüber treten und wird so mit der Situation einer „Re-Viktimisierung" oder „sekundären Viktimisierung" konfrontiert. Diese wird unter anderem durch die Machtlosigkeit des Opfers in der Aussage-Situation und dem Ausgeliefert-Sein vor Gericht hervorgerufen, wie auch durch das hohe Maß an Formalität während der Verhandlung (vgl. Dölling 1998, S 19; vgl. Bals et al 2005, S. 2). Dem Opfer wird für das Darstellen emotionaler Befindlichkeiten und persönlicher Folgen nach der Straftat seitens der Justiz nur selten Raum gegeben (vgl. Umbreit 2011, S. xxvi f). Der vorangegangene Konflikt wird den Beteiligten nach einer Anzeigeerstattung vom Staat abgenommen und von der zwischenmenschlichen auf eine rechtlich-formalisierte und im gewissen Sinne auch standardisierte Ebene gehoben (vgl. Dölling 1998, S. 9). Opfer und Täter, sowie oft auch ihre Interessensvertreter, stehen sich bei Gericht „meist feindselig und distanziert gegenüber" (Schmalfuß 2011, S. 130). Selbst eine Urteilsverkündung, die den Täter mit einer Strafe belastet, verschafft den Opfern nur selten Zufriedenheit und innere Ruhe (vgl. Dölling 1998, S. 3).

---

6   Durch eine Nebenklagevertretung hat das Opfer die Möglichkeit, am Strafverfahren gänzlich teilzunehmen und über seinen Anwalt mitzuwirken (vgl. Helweg & Leupold o. J.).

7   „Das Adhäsionsverfahren eröffnet dem Verletzten die Möglichkeit, seine aus der Straftat erwachsenen vermögensrechtlichen Ansprüche bereits im Strafverfahren geltend zu machen" (Weisser Ring e. V. 2013).

8   § 247a StPO – „Das Gericht kann anordnen, dass sich der Angeklagte während einer Vernehmung aus dem Sitzungszimmer entfernt […]. Das gleiche gilt, wenn bei der Vernehmung einer Person unter 18 Jahre als Zeuge in Gegenwart des Angeklagten ein erheblicher Nachteil für das Wohl des Zeugen zu befürchten ist oder wenn bei einer Vernehmung einer anderen Person als Zeuge in Gegenwart des Angeklagten die dringende Gefahr eines schwerwiegenden Nachteils für ihre Gesundheit besteht" (Stascheit 2012, S. 2086).

3.1 Die Situation von Täter und Opfer im Strafverfahren

Den Geschädigten geht es um viel mehr als um Bestrafung. Sie haben den Wunsch nach Wiedergutmachung und nach Bewältigung des Konfliktes (Bals et al 2005, S. 2). Bevor sich ein Opfer erholen kann, muss es die Opferrolle überwinden können. Täter und Tat dürfen keine Gewalt mehr über einen haben. Dafür brauchen Opfer materielle und symbolische Kompensationsleistungen als Grundvoraussetzung. Genauso wichtig sind Antworten darauf, was genau passiert ist. Warum es einem selbst passiert ist. Ob man es hätte verhindern können bzw. wie man sich in Zukunft schützen kann. Da Verbrechen unsere üblichen Erklärungen, den Sinn, den wir in unser Leben legen, durcheinander bringen, brauchen Opfer *neue* Erklärungen. Sie müssen einen Sinn in dem, was geschah, für sich finden können.

Auf der anderen Seite stehen die Täter. Sie können wenig „Empathie für die von ihnen Geschädigten oder Einsicht in ihr Fehlverhalten [...] entwickeln" (Hagemann 2011, S. 153), da das Opfer kaum Möglichkeit bekommt, seine Gefühle, Sorgen und Nöte in Anwesenheit des Täters auszudrücken. Somit bleibt das Opfer auch für den Täter gleichsam ein Fremder und nur ein „Beweismittel" zur Wahrheitsfindung. Für den Täter hat eine Bestrafung weitreichende Folgen: Mit dem klaren Urteil des Normbruchs werden Täter stigmatisiert und es wird ihnen die Charaktereigenschaft „böse" zugeordnet, sie gelten nun als „Normbrecher" und stehen somit den „Normbekennern" gegenüber. Der oben aufgeführte Fall bietet hierfür ein Paradebeispiel. Durch die negative Sanktion und die damit klare und strikte Abgrenzung vom „Guten" wird es dem Täter kaum möglich gemacht, sich reflexiv mit seiner Tat und deren Folgen auseinander zu setzen (vgl. Dölling 1998, S. 10).

Weder die Täter- noch die Opferseite haben die Möglichkeit, sich vor Gericht aktiv bei der Entscheidungsfindung eines Urteils einzubringen und die Tat aufzuarbeiten. Besonders für die Opfer, die durch die Tat in ihrer Integrität und auch ihrer Autonomie beschnitten wurden, ist es aber essentiell wichtig, Kontrolle wiederzugewinnen und diese auch über den Ausgang des Verfahrens und ihr Umfeld zu haben. Opfer müssen Gerechtigkeit spüren können (vgl. Früchtel 2011, S. 36). Eine Mitwirkung an der Urteilsentscheidung kann für sie ein Schritt in Richtung Genesung sein. Ebenso kann es „unter Umständen nachhaltiger sein, dem Beschuldigten eine Mitverantwortung bezüglich seiner Zukunft einzuräumen" (Thoß und Weitekamp 2012, S. 106). Restorative Justice setzt genau hier an – bei der Verantwortungsübernahme des Täters für seine Tat und der Mitwirkung aller Beteiligten bei der Lösung des Konfliktes.

3.2 Definition und Grundidee von Restorative Justice

Restorative Justice ist ein in Deutschland noch wenig bekannter Begriff, der sich in der Fachwelt aber langsam verbreitet. Eine adäquate Übersetzung ins Deutsche ist schwierig: „ausgleichende Gerechtigkeit", „aufarbeitendes Recht" und „wiederherstellende Gerechtigkeit". „Restorative" kommt von „restore" (engl.), „restorer" (franz.) oder „restaurare" (lat.), was „wiederherstellen", „heilen", „erneuern", aber auch „stärken" heißt (vgl. Harper 2012). Hagemann merkt an, dass „re" nicht primär als *zurück* zum Früheren gedeutet werden soll" (2011, S. 160). Der Begriff wurde von Albert Eglash in die Sozialwissenschaften eingeführt. Einige Fachleute gehen davon aus, dass Eglash bereits Ende der 1950er „Restorative Justice" in einem Artikel verwendete, wobei erst dessen zweite Version, 1977 publiziert, von der Fachwelt zur Kenntnis genommen wurde (vgl. Gavrielides 2011, S. 2).

Der Ursprung von Restorative Justice als Konzept des Umgangs mit schädigenden Taten lässt sich in den 1970er und 1980er Jahre verorten und hat seine Wurzeln in den USA sowie Kanada. Man hatte die Idee, Recht und Gerechtigkeit anders zu gestalten (vgl. Zehr 2002, S. 42; 61) und begann, nach einem alternativen Paradigma zu suchen, das dem strafenden nicht nur entgegengesetzt werden, sondern es zugleich ersetzen könnte (vgl. Gavrielides 2011, S. 2). Für die Entwicklung von Restorative Justice können letztendlich drei allgemeine Modelle genannt werden, die nacheinander entstanden und nicht allein die Strafe als Konsequenz auf eine Straftat propagierten.

In den frühen 1970er Jahren formierte sich in den USA die erste Generation der Mediations-Bewegung[9] als eine auf Gesetzen basierende „Community Mediation"[10]. Die zweite Welle entstand mit dem sogenannten „Victim Offender Reconciliation Program" (VORP)[11] Anfang der 1980er Jahre in Kanada, das sich auf christliche Werte beruft. VORP kann als erste praktische Anwendung von Restorative Justice verstanden werden. Schließlich entstand daraus in den 1990er Jahren die „Victim offender mediation"[12] (VOM), die einen starken Bezug zur Sozialen Arbeit mit sich brachte. Diese frühen Modelle befassten sich ausschließlich mit Tätern und Opfern, die öffentliche Gemeinschaft war lediglich durch den (freiwilligen) Vermittler symbolisch vertreten. Erst durch die gelebte Praxis von Restorative Justice entwickelte

---

9   Mediation: strukturierter und vertraulicher Ansatz zur einvernehmlichen, freiwilligen und abgestimmten Konfliktbeilegung von Parteien mit Unterstützung von einem oder mehreren Mediator(en) (vgl. Mediation GmbH o. J.)
10   dt.: Gemeinschaftsmediation
11   Opfer-Täter-Versöhnungsprogramm
12   Opfer-Täter-Mediation

3.2 Definition und Grundidee von Restorative Justice

sich die Überzeugung, der Gemeinschaft einen eigenen Platz im Mediationsprozess bieten zu müssen (vgl. McCold 2008, S. 24; 34). Interessanterweise bieten die Autoren der einschlägigen Fachliteratur meist keine Definition zum Gemeinschaftsbegriff an. Lediglich Zehr beschreibt Gemeinschaft als „soziales Umfeld", als „lokales Beziehungsnetz" und als „kommunale Gemeinde" (Zehr 2010, S. 9). Fraglich ist, von wessen „sozialem Umfeld" ausgegangen wird, dem des Täters oder dem des Opfers? Darüber hinaus ist der Unterschied zwischen einem überschaubaren sozialen Netzwerk und einer „kommunalen Gemeinde" immens. Die Frage ist, ob es möglich ist, so große Teile wie eine Kommune einzubeziehen. Der Begriff der Gemeinschaft ist nur scheinbar eindeutig und die Definition wird dadurch ungenau.

Seit den 1980ern nahm das Interesse an restaurativer Praxis immer mehr zu und die Notwendigkeit von Austausch und Beratung wuchs. Daher fand 1990 eine internationale Konferenz in Italien statt, die unter anderem von der NATO[13] subventioniert wurde, bei der Theoretiker und Praktiker aus zwölf verschiedenen Ländern[14] teilnahmen (Umbreit 2001, S. xxx). Einer der führenden Vertreter und Begründer dieses Konzepts von Restorative Justice ist Howard Zehr (s. o.) . Seine Kernaussage über Restorative Justice lautet: „*Restorative Justice is a process to involve, to the extent possible, those who have a stake in a specific offense and to collectively identify and address harms, needs, and obligations, in order to heal and put things as right as possible.*" *(Zehr 2002, S. 37)*[15]

Eine andere Definition bietet Gavrielides[16] an: „*Restorative justice is defined as an ethos with practical goals, among which to restore harm by including affected parties in a (direct or indirect) encounter and a process of understanding through voluntary and honest dialogue. Restorative justice adopts a fresh approach to*

---

13 NATO : North Atlantic Treaty Organization (Nordatlantikpakt), in Washington 1949 geschlossenes Verteidigungsbündnis. Mitglieder (1990) Belgien, Dänemark, Deutschland, Frankreich, Griechenland, Großbritannien, Island, Italien, Kanada, Luxemburg, Niederlande, Norwegen, Portugal, Spanien, Türkei, USA (vgl. Brockhaus 2010, S. 706; vgl. Henke 2009)

14 aus Belgien, Kanada, Österreich, Finnland, Frankreich, Deutschland, Griechenland, Italien, Niederlande, Norwegen, Türkei, Großbritannien

15 „Restorative Justice ist ein Vorgang, diejenigen, die von einem bestimmten Straftatgeschehen betroffen sind, in höchstmöglichem Umfang einzubinden und gemeinsam Schädigungen, Bedürfnisse und Pflichten herauszuarbeiten und sich mit ihnen zu befassen, mit dem Ziel, so gut wie möglich zu heilen und Dinge wiedergutzumachen." (Übersetzung Hagemann 2011, S. 157)

16 Gründer und Direktor von Independent Academic Reasearch Studies (IARS)

conflicts and their control, retaining at the same time certain rehabilitative goals." (*Gavrielides 2011, S. 2*)[17]
Restorative Justice könnte als eine *alternative* Erwiderung auf strafbares Benehmen zusammengefasst werden (vgl. Bals et al 2005, S. 3). Es geht nicht darum, den Täter zu bestrafen oder Vergeltung zu üben, sondern Bürgern und Betroffenen wieder die Zuständigkeit anzuvertrauen, ihre Sachverhalte eigenständig in die Hand zu nehmen und in ihrer eigenen Weise zu lösen. Die Lösungen sollen partikular gefunden und nicht in einem universalistischen, expertendominierten Verfahren bestimmt werden (vgl. Früchtel 2011, S. 34). Die Menschen sollen ihre Konflikte annehmen können. Dabei ist das Ziel, friedvolle zwischenmenschliche Beziehungen zwischen allen Beteiligten wieder herzustellen. In diesem Prozess ist die Aufgabe der Fachleute weniger die Arbeit am eigentlichen Konflikt oder Verhängung von Strafe, sondern die Organisation von ermöglichenden Strukturen. Restorative Justice geht davon aus, dass es nicht gut ist, wenn eine Person (z. B. der Richter) Entscheidungen über andere fällt und sich somit in gewisser Weise über Seinesgleichen erhebt. Dies sei – obgleich als Normalität etabliert – der ursprünglichen Idee von Freiheit und Gleichheit gegenläufig (vgl. McCold 2008, S. 28). Stattdessen sollen die Beteiligten die Möglichkeit bekommen, sich auf Augenhöhe zu begegnen und somit eine „neue [...], menschenrechtlich und subjektiv akzeptable" Balance herstellen zu können (Hagemann 2011, S. 160). Im Vordergrund steht dabei, dass allseitig dieselben rechtlichen Ansprüche bestehen. Außerdem gilt der Grundsatz, jedem Einzelnen Respekt zu zollen und individuellen Bedürfnissen Rechnung zu tragen. Bei Restorative Justice geht es um die Bedürfnisse *aller* Beteiligten: die des Opfers, die des Täters sowie die der Gemeinschaft. Dieser weite Ansatz unterscheidet sich deutlich vom klassischen Strafverfahren (vgl. ebd.).

Dabei steht nicht die täterzentrierte, sondern die opferzentrierte Arbeit im Vordergrund. Es werden Möglichkeiten geschaffen, dass Opfer und Gemeinschaft mit Tätern zusammenarbeiten können, ohne ihnen mit zu großer Vorsicht und Zurückhaltung zu begegnen. Der Täter ist gefordert, für seine Taten und die Verletzungen, die er jemandem zugefügt hat, Verantwortung zu übernehmen. Diese Verantwortungsübernahme wird als ein Entwicklungsprozess verstanden, der die Mithilfe vieler benötigt. Die Fragen „Welche Gesetze wurden gebrochen?", „Wer hat es getan?" und „Welche Strafe verdient der Täter?" spielen eine untergeordnete

---

17 Restorative Justice ist als eine Gesinnung mit praktischen Zielen definiert, bei der Verletzungen durch Beteiligung aller betroffenen Parteien in einer (direkten oder indirekten) Begegnung und einem Prozess von Verstehen durch Freiwilligkeit und ehrlichen Dialog wiedergutgemacht werden sollen. Restorative Justice betritt einen neuen Weg, um Konflikte zu kontrollieren und zu lösen, verfolgt aber im gleichen Moment auch diverse wiederherstellende Ziele.

3.2 Definition und Grundidee von Restorative Justice

Rolle (Zehr 2010, S. 32). Täter, Opfer und weitere Personen wie Angehörige und Bekannte sind gefragt, ihre Verletzungen und Bedürfnisse darzustellen. Restorative Justice versucht „alle unmittelbar und viele mittelbar Betroffenen einzubeziehen sowie formale Verfahren des Justizsystems für solche kooperativen Prozesse zu öffnen" (Früchtel 2011, S. 34). Wesentlich dafür ist, dass der Täter das Gewesene anzunehmen lernt und ein Gefühl entwickelt, die Situation zum Besseren hin verändern zu wollen (vgl. Thoß und Weitekamp 2002, S. 206). Durch die Zusammenarbeit mit den Opfern und der Unterstützung durch die Gemeinschaft bietet Restorative Justice mehr Möglichkeiten, den Täter wieder in die Allgemeinheit einzugliedern (vgl. Umbreit 2001, S. xix). Im wahren Sinne des Wortes geht es dabei um „Re-sozialisierung", denn Wiederherstellung wird zu einem sozialen Prozess gemacht und das Ergebnis stärkt die soziale Einbindung des Täters. Man kann also davon sprechen, dass Restorative Justice ein gemeinschaftsbildender Prozess ist (vgl. MacRae und Zehr 2004, S. 55). Zehr ist überzeugt davon, dass kriminalitätsbehaftete Konflikte konstruktiver gelöst werden können, wenn etwas *für* das Opfer getan wird (auch vom Täter), statt nur Sanktionen *gegen* den Täter zu verhängen (vgl. Zehr 2005, S. 199). Es geht bei dem restorativen Fokus immer zunächst um die Bedürfnisse des Opfers, unabhängig davon, ob ein Täter tatsächlich gefasst wurde oder nicht.[18] Das Anhören und Anerkennen dieser Bedürfnisse sollte den ersten Schritt darstellen und schnellstmöglich nach der Straftat erfolgen. Erst im zweiten Schritt restorativer Gerechtigkeit kommen Schuld oder Verpflichtungen ins Blickfeld (vgl. Zehr 2002, S. 22; 56). Im Folgenden werden die Unterschiede zwischen dem in Deutschland verwendeten Strafrecht und der restorativen Gerechtigkeit klar gegenübergestellt.

---

18 Wenn kein Täter gefasst wurde oder ermittelbar ist, kann trotzdem ein restorativer Schritt gegangen werden, in dem die Bedürfnisse des Opfers gehört und anerkannt werden. Durch die Beachtung der Bedürfnisse des Opfers unmittelbar nach der Tat kann schon vom restorativen Ansatz gesprochen werden (vgl. Zehr 2002, S. 55f.).

Etabliertes Strafrecht versus Restorative Justice

Strafrecht	Restorative Justice
• Verbrechen sind Verletzungen staatlicher Autorität und Gesetze.	• Verbrechen sind Verletzungen von Menschen und Beziehungen.
• Verletzungen erzeugen Schuld.	• Verletzungen erzeugen Verpflichtungen.
• Gerechtigkeit erfordert, dass der Staat Schuld ermittelt und Strafe verhängt.	• Gerechtigkeit muss Opfer, Täter und Mitglieder der Gemeinschaft einbeziehen um Wiedergutmachung zu erreichen.
• Hauptaugenmerk: Täter bekommen, was sie verdienen.	• Hauptaugenmerk: Bedürfnisse der Opfer und Verantwortlichkeit für den Täter; es geht darum, den Schaden wiedergutzumachen.

Abb. 1 Vergleich von Strafrecht und Restorative Justice nach Zehr 2010, S. 31

Es ist deutlich zu erkennen, dass die Auffassungen auf völlig verschiedenen Annahmen basieren. Während das Strafrecht sich formal aufstellt, pragmatisch bleibt und den Blick für die menschlichen Komponente fast völlig außer Acht lässt, bezieht sich Restorative Justice genau darauf. Das geltende Gesetz und die Rechtslage bleiben dabei (zunächst) gänzlich unbeachtet. Es spielen vor allem die Beziehungen, die verletzten Relationen zwischen Menschen die tragende Rolle und die Frage, wie diese erneuert werden können. Restorative Justice stellt daher die Fragen: „Wer ist verletzt worden?", „Welche Bedürfnisse haben die verletzten Personen?" und „Wessen Verpflichtung sollen zum Tragen kommen?" (Zehr 2010, S. 32). Anstelle der Auffassung, dass Gerechtigkeit als Strafe oder Vergeltung gesehen wird, tritt die Idee, dass Gerechtigkeit als Wiederherstellung verstanden werden soll. Die entstandenen Wunden und Verletzungen mögen dadurch genesen, die Heilung begünstigt und vorangetrieben werden (vgl. Zehr 2005, S. 186). Wie zu Beginn schon angedeutet, kann Restorative Justice in verschiedenen Formen angewendet werden. Family Group Conferences und Cirlces stellen Annäherungen an traditionelle Formen der Konfliktlösung z. B. in Neuseeland dar, sind aber keine Kopien dieser Praktiken. Restorative Justice diente dort als Antrieb, um „vertraute Ansätze aus der eigenen Tradition neu zu bewerten, wiederzubeleben, anzuerkennen und anzupassen" (Zehr 2010, S. 58). Ein weiteres Modell ist der Täter-Opfer-Ausgleich (vgl. Zehr 2002, S. 26; 44).

Restorative Justice ist also ein Gerechtigkeitsbestreben. Auch das deutsche Strafrecht beansprucht die Herstellung von Gerechtigkeit für sich. Das folgende Kapitel untersucht, wo genau die Unterschiede liegen.

3.3 Retributive Justice versus Restorative Justice

„Retributive" kommt vom Lateinischen „retributio" und bedeutet „Strafe, Vergeltung", aber auch „Kompensation, Rückgabe" (vgl. das deutsche Wort „Tribut"). Im Deutschen ist der Ausdruck „Retribution" veraltet und steht für „Wiedererstattung" (Duden 2006, S. 850; Wahrig-Burfeind 2011, S. 867). Obwohl in „retributiv" die Bedeutung der Wiederherstellung des alten Zustandes zentral ist, wird „Retributive Justice" als eine Gerechtigkeitsvorstellung verstanden, in der Strafe, die dem Verbrechen proportional ist, die adäquate Reaktion auf dieses Verbrechen ist. Bei der „retributiven Straftheorie" geht es vorrangig um die Feststellung der Schuld und folglich die Ermittlung einer gerechten Strafe für den Täter. Dem liegt die Vorstellung zugrunde, das gesellschaftliche Gefüge basiere auf einer Gesetzessammlung, die die Menschen anleitet, welche Dinge sie nicht tun sollten. Wenn jemand diese Gesetze verletzt, erfolgt eine strafrechtliche Konsequenz durch den Staat. Die Gesetze geben richtiges Verhalten vor, zeigen aber keine Handlungsanleitungen auf, wenn das Tun und Lassen in bestimmten Situationen schwierig wird (vgl. Walgrave nach Hagemann 2011, S. 153). Der retributive Blick impliziert zwar eine soziale Dimension, allerdings als abstrakte Form einer unpersönlichen Gesellschaft: der Geschädigte ist eher der Staat mit seinen Gesetzen und Regeln (vgl. Zehr 2005, S. 184). Hagemann bezieht sich in seinem Aufsatz „Restorative Justice: Konzept, Ideen und Hindernisse" unter anderem auf Habermas[19]. Durch den strafrechtlichen Prozess findet nach der Habermasschen Idee eine Kolonialisierung der Lebenswelt[20] statt (vgl. Hagemann 2011, S. 152). Kommunikationsstrukturen werden rationalisiert und unterstehen einer „administrativen Kontrolle" (Müller-Doohm 2008, S. 86). Sowohl das eigentliche Opfer als auch tatsächlich betroffene Mitglieder der Gemeinschaft kommen kaum zu Wort. Der Staat als ein spezialisiertes Subsystem der Gesellschaft koordiniert das Strafverfahren in rein funktionaler Weise und mit einem relativ geringen Kommunikationsaufwand (vgl. ebd., S. 85f). Die Rechtsprechung wird in die Hand unbeteiligter Juristen gelegt, die mit ihren Mitteln – also Gesetzen, Regularien und Kommentaren – über Gerechtigkeit, also Recht und Unrecht, entscheiden. Diese Experten beschließen, welche Wiedererstattungsleis-

---

19 Jürgen Habermas (* 1929), Philosoph und Soziologe, wichtige Werke: 1962: Strukturwandel der Öffentlichkeit, 1968: Erkenntnis und Interesse; 1968: Technik und Wissenschaft als „Ideologie"; 1973: Legitimationsprobleme im Spätkapitalismus; 1981: Theorie des kommunikativen Handelns; 1995: Faktizität und Geltung

20 Lebenswelt „als ein Reservoir intuitiven Wissens über die objektive, soziale und subjektive Welt, das die Handelnden unwillkürlich in Anspruch nehmen, wenn sie auf der Basis gemeinsamer Situationsdeutungen Interaktionen herstellen" (Müller-Doohm 2008, S. 83).

tungen oder Vergeltungen angemessen für die vom Täter begangene Straftat sind. Die Kernunterschiede von retributiver und restaurativer Vorstellung sind in der folgenden Tabelle zusammengefasst:

Kernunterschiede des retributiven und restaurativen Ansatzes

Retributiver Ansatz	Restaurativer Ansatz
• Kriminalität ist ein Regelverstoß.	• Kriminalität ist eine Verletzung von Menschen und von Beziehungen.
• Verletzungen werden abstrahiert.	• Verletzungen werden konkret benannt.
• Der Staat ist das Opfer.	• Menschen und ihre Beziehungen sind die Opfer.
• Staat und Täter als Hauptpersonen.	• Täter und Opfer als Hauptpersonen.
• Opferrechte und Bedürfnisse werden ignoriert.	• Opferrechte und Bedürfnisse als zentrale Komponente.
• Wunden des Täters sind nicht von Interesse.	• Wunden des Täters sind wichtig.
• Zwischenmenschliche Beziehungen sind irrelevant.	• Zwischenmenschliche Beziehungen sind von zentraler Bedeutung.

Abb. 2 Vergleich des retributiven und restaurativen Ansatzes nach Zehr 2005, S. 184f

Im deutschen Strafrecht liegt die Priorität nach einer Straftat ganz klar in der Wahrheitsfindung und darauf folgend in der Auseinandersetzung zur Festlegung einer angemessenen Bestrafung des Täters. Leiden und die Schädigungen spielen nur zur objektiven Beschreibung der Tat eine Rolle, das subjektive Erleben des Geschädigten ist nebensächlich. Der Vergeltungsansatz konzentriert sich auf Bestrafung durch den Staat, Wiedergutmachung oder Wiedererstattung durch die *Akteure* sind im Strafrecht erstmal nicht vorgesehen (vgl. Hagemann 2011, S. 154). Im heute bestehenden Strafrecht sind aber auch einige Wiedergutmachungsmöglichkeiten festgeschrieben. So wird im Strafrecht zwischen „freiwilliger Wiedergutmachung"[21], „tätiger Reue"[22] und Wiedergutmachung als „Alternativlösung zur formellen Sanktion" unterschieden. Letzteres ist bekannt unter dem Täter-Opfer-Ausgleich (vgl. Kapitel 3). Bei den erstgenannten bezieht sich die Wiedergutmachung weniger auf die zwischenmenschliche Komponente als vielmehr auf die freiwillige Verhinderung

---

21 § 24 StGB – Rücktritt vom Versuch
22 z. B. § 83a; § 87 Abs. 3; § 149 Abs. 2; § 158; § 330b StGB

eines „Eintritt[s] des Schadens oder seine[r] Verschlimmerung"[23] (Merckle 1999, S. 25ff). Im Grunde geht es um das Verhalten des Täters während und nach der Tat, das auch eine Auswirkung auf die Strafzumessung hat. Beispielsweise kann eine Sanktion gemildert werden oder die Strafe entfallen, wenn der Täter ideelle „Schäden aus der Welt schafft" (ebd.). Der Wiedergutmachungsgedanke kommt also auch im etablierten Recht auf verschiedene Art vor.

Restorative Justice hingegen ist die *opferzentrierte* Antwort auf Kriminalität. Das Opfer bekommt die Möglichkeit, an der gesellschaftlichen Reaktion auf die Straftat mitzuwirken. Dies geschieht direkt und unmittelbar durch ein Zusammentreffen (vgl. Umbreit 2001, S. xxvii). Beide Ansätze, also sowohl der retributive als auch der restaurative – hier liegt eine Gemeinsamkeit – argumentieren dafür, dass eine Straftat eine angemessene Reaktion nach sich ziehen muss. Es gibt sozusagen eine proportionale Beziehung zwischen Aktion und Reaktion. Allerdings – hier fangen die Unterschiede an – entscheiden sie different, in welcher Art und Weise reagiert werden soll (vgl. Zehr 2002, S. 59).

3.4 Verletzung und Heilung

Bevor wir hier tiefer ins Thema einsteigen, sind Begriffsklärungen erforderlich, denn vielleicht rufen die Begriffe „Verletzung" und „Heilung" Assoziationen zu Schürf- und Platzwunden hervor. Unter „Verletzung" und „Heilung" versteht man in der Regel keine sozialen, sondern organische Prozesse. Man missversteht in unserem Kontext allerdings die Begrifflichkeit, wenn man sie zu einseitig an der Medizin festmacht, wo die „Diagnose einer Verletzung, ihre systematische Einordnung in anatomisches und physiologisches Fachwissen, die Heilung durch einen Experten ermöglicht" (vgl. Bünte und Bünte 2004, S. 467). Im Sprachgebrauch kennen wir die seelische Verletzung als „Kränkung" sowie die materielle bzw. soziale Bedeutung von Verletzung als „unerlaubtes Eindringen" (Grenzverletzung) und als „Vertragsverletzung" (Vertragsbruch). Auch der Heilungsbegriff ist etymologisch umfassender zu verstenen und meint eher ein „Ganz-Werden" (vgl. das Heil). Durch die Heilung stellt sich der Zustand *vor* der Verletzung wieder her (vgl. Reuter 2001, S. 366), wobei dies ein komplexer Prozess, keine rein technische oder wissenschaftliche Angelegenheit ist. Restorative Justice reagiert auf physische, materielle, soziale oder seelische Verletzungen und stößt einen ganzheitlichen Heilungsprozess an,

---

23 Hierbei bezieht sich der Gesetzgeber u. a. auf Steuerhinterziehung, Sabotagehandlungen, Fälschung von Geld, Berichtigung einer falschen Angabe usw. (vgl. Stascheit 2012)

ohne diesen im technischen Sinne vollkommen in der Hand zu haben, denn die sozialen Prozesse, die in Gang gesetzt werden (Austausch, Offenheit, Verständnis, Ehrlichkeit etc), lassen sich nicht determinieren. Ziel dieser Heilung ist, bezieht man sich auf die Definition von „Gesundheit" der WHO, einen Zustand des körperlichen, seelischen und sozialen Wohlergehens wieder herzustellen, der beide direkt Betroffene (Opfer und Täter) als auch die Gemeinschaft einschließt.

„If crime is injury, what is justice?"[24] (Zehr 2005, S. 186) Wenn man nun davon ausgeht, dass Kriminalität eine Verletzung ist, so ist die logische Schlussfolgerung, dass die angemessenen Reaktion darauf nicht (nur) Strafe sein kann, denn die kann wohl kaum zur Heilung des Geschädigten beitragen. Da Straftaten normalerweise nicht am Staat, sondern an *Personen* ausgeübt werden, müsste bei der Reaktion auf sie, die interpersonelle Dimension der Beteiligten im Zentrum stehen. Das Opfer als konkrete Person ist dabei wesentlich und kann weder vom Staat, noch von juristischen Experten vertreten werden. Auch die Täterseite wird nicht anwaltschaftlich vertreten, sondern in den direkten Austausch einbezogen. Gerechtigkeit soll eine lebendige Wechselwirkung sein und nicht von professionell geschultem Personal für andere gemacht und standardisiert werden (vgl. Zehr 2005, S. 182-203). Es geht darum, das Opfer von Anfang an mit einzubeziehen und seine Bedürfnisse zu beachten. Dies kann funktionieren, wenn der Austausch zwischen den Konfliktparteien gefördert wird. Die Möglichkeit dazu bietet ein geleitetes Zusammentreffen. Der respektvolle Umgang miteinander hat dabei Priorität (vgl. Hagemann 2011, S. 156f), ganz unabhängig davon, wie unterschiedlich die Teilnehmenden sind oder welche Überzeugungen sie haben. Restorative Justice impliziert, Respekt zu haben – voreinander, vor Andersartigkeit, vor Ängsten des anderen und allen Sachverhalten, die offen gelegt werden (vgl. Zehr 2002, S. 36). Der Schlüssel liegt in der Beteiligung *aller* Betroffenen, denn die Lösungen sollen von den Menschen kommen, deren Beziehungen verletzt worden sind. Also sowohl von denjenigen, denen durch die Straftat Leid zugefügt wurde, sei es direkt oder indirekt, von denen, die sie verübt haben und von denjenigen, die indirekt beteiligt sind, weil die Tat auf sie wirkt oder weil sie auf den Täter wirken. Aus dieser Synthese können Klärung und Lösungsansätze entstehen. Die Aussage „Nothing about us without us"[25] (Hopkins 2012, S. 175) bringt den Ansatz von Restorative Justice auf den Punkt. Es wird vorausgesetzt, dass Opfer *plus* Täter *plus* Gemeinschaft die Kraft und das Vermögen besitzen, an einer Lösung mitzuwirken, die für alle Beteiligten hilfreich ist. Dabei soll Positives herausgefunden und aufgegriffen werden. Es geht nicht darum, Defizite der Beteiligten zu identifizieren, sondern um Bestärkung und Lösungsfindung

---

24 Wenn Kriminalität Verletzung ist, was ist dann Gerechtigkeit?
25 Nichts wird ohne uns entschieden, was uns betrifft.

3.4 Verletzung und Heilung

(vgl. Umbreit 2001, S. xxviii). Dafür bietet Restorative Justice allen Akteuren einen Raum, in dem in einer weitestgehend informellen, nicht fachgebundenen Sprache Austausch stattfinden kann, damit die Menschen mit ihren eigenen Erfahrungen und Kompetenzen Konflikte besprechen und eigenständig bearbeiten können. Die Angelegenheiten bleiben bei denen, die betroffen sind. Restorative Justice geht noch einen Schritt weiter: Durch den direkten und damit auch profunden Austausch in einem wenig formalisierten Verfahren sollen anhaltende Lernerfolge seitens des Täters begünstigt werden – besonders mit dem Fokus auf sozialen Frieden und Schutz (vgl. Hagemann 2011, S. 157). Zusammengefasst bedeutet das, dass die Aufgabe, den Schaden wiedergutzumachen und den Täter zu einem straffreien Leben zu bewegen in die Hände derjenigen gegeben wird, die betroffen sind: Täter, Opfer und deren soziales Umfeld (vgl. Zehr 2005, S. 203). Wie Restorative Justice dabei vorgeht, diesen Anspruch einzulösen, ist Gegenstand des folgenden Abschnitts.

Zunächst wird mit sogenannten Restorative Questions gearbeitet: Wer wurde verletzt? Wie wurde er verletzt? Was sind seine Bedürfnisse? Wer ist daran beteiligt? Wessen Verpflichtung ist es? Wie können alle Beteiligten zusammen kommen und eine Lösung finden? Es geht in erster Linie darum, die üblicherweise gestellten Fragen (Welche Gesetze wurden gebrochen?, Wer hat es getan? und Welche Strafe verdienen sie?) anders zu stellen. Das Fragen-Stellen ermöglicht einen Austausch, in dem voneinander gelernt und Unterstützung gefunden werden kann. Günstig für diesen Austausch ist ein Treffen, bei dem alle Konfliktparteien tatsächlich zusammensitzen, in dem also ein direkter, aber geleiteter Diskurs möglich ist. Für besondere Situationen besteht auch die Möglichkeit, in einem indirekten Kontakt seine Gedanken und Gefühle mitzuteilen. Denn nicht immer können sich Opfer vorstellen, dem Täter noch einmal zu begegnen. Dennoch kann es für sie wichtig sein, sich mitzuteilen und auch die Gegenseite hören zu können. In diesem Fall kann ein Briefverkehr diesen Kontakt ermöglichen. Auch das Senden von Videosequenzen oder das Vertreten-Lassen durch eine andere Person bei dem Treffen sind Möglichkeiten, sich zu verständigen, ohne direkt aufeinander zu treffen (vgl. Zehr 2002, S. 21-27; 63). Wie auch immer die Kommunikation erfolgt, die Beteiligten lernen sich kennen und wenn dies gelingt, kann das Kennenlernen zu einem tieferen Verstehen des anderen führen. Das Opfer bekommt die Chance sich mitzuteilen, ohne dem Stress des Wiedersehen ausgesetzt zu sein. Restaurative Prozesse verlaufen dann erfolgreich, wenn die Beteiligten sie freiwillig eingehen und deswegen muss die Versammlung so gestaltet sein, dass alle Beteiligten gut damit leben und ihre Zustimmung geben können, allen voran das Opfer. Restorative Justice soll eine Einladung zum Miteinander darstellen, bei der jedem persönlich frei steht, sie anzunehmen, um an diesem Austausch mitzuwirken. Niemand sollte sich in irgendeiner Weise zu einer Aussöhnung gedrängt fühlen (vgl. Zehr 2005, S. 187). Zudem ist es wichtig, alle Beteiligten vor Beginn des Treffens umfassend über seinen Ablauf in Kenntnis zu setzen (vgl. Restorative Justice Council 2011, S. 22). Da jede Person ihre eigene, persönliche Perspektive auf die geschehene Straftat hat, bekommt jeder Einzelne bei dem Treffen die Möglichkeit, seine Sichtweise zu schildern. Besonders diejenigen, die verletzt wurden, haben das Bedürfnis, ihre Sorgen aussprechen zu können, und zwar in einem Rahmen, in dem ihnen respektvoll begegnet und zugehört wird. Sie hegen den Wunsch, gehört zu werden und zu erklären, welche Emotionen die Tat bei ihnen ausgelöst hat (vgl. Hopkins 2012, S. 174). Nicht zuletzt haben sie den Wunsch, die Kontrolle über ihr Leben wiederzugewinnen, vielleicht auch indem sie den Täter positiv beeinflussen können. Durch ihre Offenheit wird es möglich, dem Täter sein Fehlverhalten zu verdeutlichen und auch emotional „verstehbar" zu machen. Häufig haben Opfer auch das Bedürfnis, den Täter und sein Handeln verstehen zu können. Sie erwarten von ihm, offen zu sprechen und hoffen auf eine ganzheitliche Erkundung der Tat. Opfer beschäftigen sich oft mit der Frage „Warum gerade ich?" (vgl. Bewersdorff 2012, S. 14). Das ist eine Frage, die Täter beantworten können und sie beschreiten dadurch schon den ersten Schritt der Wiedergutmachung. Bei Restorative Justice geht es um die „ENT-schädigung" des Opfers. Darüber hinaus soll die verletzte Beziehung zwischen Täter und Opfer geheilt werden. Das verlangt Reue vom Täter und Vergebung vom Opfer. Reue zu zeigen und vergeben zu können, das sind hohe Anforderungen, die an beide Seiten gestellt werden. Aus diesem Grund wird keiner der Beteiligten zu etwas gedrängt. Vergebung wird nicht als Voraussetzung für die Lösung begriffen, sondern ist eine Vision, die erreicht werden *kann*.

Nicht nur die Heilung des Opfers spielt eine Rolle. Genauso brauchen Täter und Gemeinschaft einen Prozess, bei dem ihre Verletzungen aufgegriffen werden. Kriminalität erzeugt nicht nur Verwundungen beim Opfer, sondern ist auch auf vorangegangene Verwundungen des Täters zurückzuführen. Obgleich sie *vor* der Straftat entstanden sein mögen, stehen sie mit der Tat und ihrer Heilung in einem Zusammenhang. Die Verletzungen der Gemeinschaft sind das Gefühl, dass Zusammengehörigkeit zerstört und das Gemeinwesen durch jede Straftat an Güte verliert. Mittelbar Beteiligte wollen, dass sie sich ohne Vorbehalte und Risiken in ihrem Gemeinwesen bewegen können. Für sie ist ein einsichtsvoller Täter, der etwas für die Gemeinschaft tun will, heilsamer als einer, der sich zu Unrecht bestraft fühlt. So kann sich die Lösungsfindung nicht auf momentane Bedürfnisse beschränken, sondern richtet den Blick ebenso in die Zukunft, um ferner liegende Szenarien zu berücksichtigen. Die Schwierigkeit besteht darin, die Anliegen aller Parteien gut auszubalancieren, jedem Teilnehmenden Raum zu geben, ohne Bevorzugung oder Benachteiligung entstehen zu lassen (vgl. Zehr 2005, S. 182-204; vgl. Zehr 2002, S. 32). Im Folgenden wurden die jeweiligen Bedürfnisse der teilnehmenden Parteien herausgearbeitet.

3.4 Verletzung und Heilung

Was brauchen Opfer?

Für Opfer ist wichtig, *Informationen* zu bekommen. Diese können die Tat betreffen, Umstände oder Sachverhalte, die sich seitdem entwickelt haben. Opfer möchten Antworten auf ihre Fragen erhalten. Sie wünschen sich klare und präzise Antworten frei von Spekulationen und Vermutungen. Weiterhin brauchen sie *Wahrheit*. Sie wollen erzählen, was sie tatsächlich erlebt haben, wie sich die Tat aus ihrer Perspektive angefühlt hat. Häufig haben sie das Bedürfnis, ihre Geschichte oft zu erzählen und dem Täter zu verdeutlichen, welche Auswirkung sein Verhalten hatte. Ein wichtiger Punkt für die Opfer ist *Ermächtigung*. Nicht selten haben sie das Gefühl, dass ihnen durch die Tat die Kontrolle über ihr eigenes Leben weggenommen wurde. Diese Kontrolle bezieht sich auf ihre Emotionen, ihren Körper, ihre Träume oder auch auf ihr Eigentum. In dem Prozess versuchen sie, einen Teil dieser Stärke wieder zurückzugewinnen bzw. neu aufzubauen. Außerdem brauchen Opfer *Entschädigung und Rehabilitation*. Hier geht es sowohl um symbolische Entschädigung (z. B. eine Entschuldigung), denn das bedeutet, wahrgenommen worden zu sein als auch um materielle Entschädigung.

Was brauchen Täter?

Täter brauchen *Rückmeldung* bezüglich des entstandenen Schadens und der Verletzungen. Diese soll Mitgefühl sowie Verantwortungsübernahme ermöglichen und ihre Scham umwandeln. Täter brauchen *Ermutigung, sich selbst ändern zu können*. Das beinhaltet auch, dass eigene Verletzungen betrachtet werden, die möglicherweise zum kriminellen Verhalten geführt haben. Täter brauchen Erkenntnisse und Wege, ihre Probleme anders zu lösen als mit Gewalt. Dazu zählt auch, dass persönliche Kompetenzen hervorgehoben und gestärkt werden. Täter brauchen *Unterstützung*, um sich wieder in die Gesellschaft eingliedern zu können. Einigen Tätern kann es helfen, *Auflagen* zu bekommen, die sie erfüllen müssen und denen sie zustimmen.

Was braucht die Gemeinschaft?

Die Gemeinschaft braucht *Aufmerksamkeit* für ihre Anliegen als mittelbares Opfer. Sie wünscht sich *Möglichkeiten*, ein Gemeinschaftsgefühl und Verantwortung füreinander aufbauen zu können. Auch *Ermutigung* spielt für die Gemeinschaft eine Rolle. Die Ermutigung dazu, die eigene Verpflichtung wahrzunehmen, sich dem Wohl aller Mitglieder (sowohl Opfer als auch Täter) zuzuwenden und ein gesundes Zusammenleben zu begünstigen (vgl. Zehr 2002, S. 14-18).

Das Vorgehen

Die Schwierigkeit besteht wie gesagt darin, jedem Anliegen Raum zu geben und die Interessen aller Parteien auszubalancieren. Um einen solchen Prozess zu moderieren, werden oft Fachkräfte (Koordinierende) eingesetzt. Ihre Rolle ist zwar inhaltlich nicht bestimmend, sie haben aber einen großen Einfluss auf die Güte des Prozesses. Hopkins schlägt vor, dass Koordinierende die Vorbereitung beginnen, indem sie den Beteiligten bestimmten Fragen (Restorative Questions) stellen:

- ▶ Was ist passiert?
- ▶ Was ging ihnen durch den Kopf und wie haben sie sich dabei gefühlt?
- ▶ Wer wurde verletzt? Wie wurde er/sie verletzt? (Empathie)
- ▶ Was brauchen die Geschädigten, um die Dinge wieder in Ordnung zu bringen? (Bedürfnisse und unerfüllte Bedürfnisse)
- ▶ Wie können alle diese verschiedenen Bedürfnisse zusammengebracht werden? (Gemeinschaftliche Verantwortung) (vgl. Hopkins 2012, S. 182f und Costello et al. 2009, S. 16).

Jede teilnehmende Person bekommt die Möglichkeit, sich mitzuteilen und ihre Gedanken zur Tat auszusprechen. Auch Gefühle, die durch die Aussagen anderer ausgelöst wurden, bekommen Platz, sie werden besprochen. Wie schon mehrfach betont, sind auch die Bedürfnisse jedes Einzelnen von großer Bedeutung, weshalb jeder diese äußern darf und soll. Dadurch kann im Folgenden überlegt werden, wie die entstandene Verletzung geheilt werden zukünftig weiter gelebt werden kann (vgl. Hopkins 2012, S. 174f). Die größte Verantwortung liegt dabei beim Täter. Er, der den Schaden verursacht hat, hat die Verpflichtung, die Umstände wieder zu verbessern. Dies muss weder vollständig, noch in einer einzigen Versammlung geschehen. Vielmehr geht es darum, zunächst den Schmerz der anderen wahrzunehmen und zu verstehen. Erst dann können nach und nach Schritte gegangen werden, diesen Schmerz – und sei es auch nur symbolisch – zu reparieren.

Ein Treffen aller Beteiligten soll auch dafür genutzt werden, dass ungewisse, oft stereotype Bilder der anderen Parteien dekonstruiert werden können. Die eigenen Vorstellungen über das Gegenüber werden in Frage gestellt, wenn sie auf tatsächliche Gesichter und Charaktere treffen (vgl. Zehr 2005, S. 197; 204). Zum Beispiel kann eine Begegnung dem Opfer helfen, den „großen unbekannten Schläger" nicht mehr bedrohlich zu erleben. Andersherum lernt der Täter, dass Opfer und Gemeinschaft nicht eine identitäts- und empfindungslose Masse sind. Er erfährt, wie seine Tat von konkreten Menschen erlitten wurde. Spannungen werden durch den Austausch, das Zusammensitzen sichtbarer und greifbarer für alle. Die anderen zu verstehen, wird einfacher. Der „Diskurs über Moral und Gerechtigkeit wird mit konkreten

3.4 Verletzung und Heilung

Personen und anhand konkreter Handlungsweisen" geführt (Hagemann 2011, S. 158). So ist es nur natürlich, dass jeder Restorative Justice Prozess anders verläuft, andere Nuancen aufgreift und verschiedenste Gruppendynamiken entstehen können. Denn wenn auch das Tatgeschehen in verschiedenen Zusammenkünften das Gleiche sein mag (z. B. ein Einbruch), so sind die Personen mit ihren Gefühlen und ihren Biographien gänzlich verschieden.

Restorative Justice stellt hohe Anforderungen an alle Parteien und in manchen Fällen mag es kaum realistisch scheinen, all diese Ziele erreichen zu können: dass sich jeder frei und ehrlich zu reden traut, dass das Opfer mit seinen Bedürfnissen im Fokus steht, dass der Täter sein Fehlverhalten erkennt und seine sowie die Bedürfnisse der anderen wahrnimmt, dass die Gemeinschaft sich einbringt. In anderen Fällen ist eine Annäherung an diese Ziele unkompliziert möglich und gemeinsame Wege werden begangen. Zehr merkt deshalb an, dass es in diesem Prozess nicht zwingend um die Erfüllung aller Details geht und manche Vorhaben auch nicht funktionieren. Aber selbst schon eine Annäherung an diese Erfahrung von Gerechtigkeit kann viel bedeuten. Schon die Begegnung kann einen Heilungsprozess in Gang setzen. Die Resultate von Restorative Justice sind gemeinschaftlich überlegte und inklusiv gedachte Vorhaben. Sie sind im Prozess entstanden, nicht von außen auferlegt und sie werden von allen akzeptiert. Auch wenn ein restaurativer Prozess nicht den Idealzustand erreicht, kann am Ende Gerechtigkeit die Leere füllen, die das Delikt hervorgerufen hat (vgl. Zehr 2005, S. 189 und Zehr 2002, S. 25). Dass sich dies nicht von außen messen lässt, sondern im Empfinden derjenigen geschieht, die teilgenommen haben, ist selbstredend.

Restorative Social Work im theoretischen Kontext 4

4.1 Der Diebstahl unserer Konflikte

Konflikte verletzen Menschen und Gemeinschaften. Deswegen haben wir Polizisten, Staatsanwälte, Richter, Bewährungshelfer und viele andere Fachkräfte. Ohne diese würde es vermutlich noch viel höhere Raten an Mord und Totschlag, Misshandlungen und Missbräuche geben und die Täter würden ungeschoren davon kommen. So wird es in der Schule gelehrt und wir haben diese Lektion so verinnerlicht, dass wir die andere Seite von Konflikten nicht mehr sehen können. Nicht nur zu viele, sondern auch zu wenige Konflikte können einem Gemeinwesen schaden. Dieser Gedanke stammt von Nils Christie, einem norwegischen Kriminologen, der den vielbeachteten Artikel „Conflicts as Property" verfasst hat. Konflikte sind nämlich Gelegenheiten für die Klärung von Werten: Wer hat was falsch gemacht? Wie sind die Umstände zu beurteilen? Wer hat Schuld? Welche Werte sind gegeneinander abzuwägen? Was könnte getan werden? Konflikte sind pädagogisch wertvoll. Konflikte sind eine Art Erlebnispädagogik des Alltags. Sie sind Chancen für Auseinandersetzungen, für das Finden von Lösungen. Konflikte sind gemeinschaftsbildend und ein Medium für Hilfe zur Selbsthilfe in einer Gemeinschaft. Konflikte sollten deshalb als Eigentum, allerdings nicht als *Privat*eigentum sondern als *Gemeinschafts*eigentum angesehen werden. Sie gehören auch den Nachbarn, Freunden, Verwandten, Kollegen, Mitschülern, Kommilitonen, Mitbewohnern, den Leuten im Sportverein, in der Kirchengemeinde etc. – aber nicht den Fachleuten.

Wenn die Lösung von Konflikten durch Professionen und formale Institutionen übernommen wird, etwa durch Polizisten, Rechtsanwälte und Gerichte, verliert das Gemeinwesen die mit den Konflikten einhergehenden Gelegenheiten der Auseinandersetzung. Finden in Gemeinwesen weniger Diskussionen um gut und böse, um richtig und falsch, um angemessen und unerwünscht statt, verliert das Gemeinwesen peu à peu die Fähigkeit, solche Wertsetzungen und Mediationen selbstständig und aus eigenen Kräften vorzunehmen und verarmt sozial und moralisch. Wenn

Konflikte durch moderne Institutionen der Gemeinschaft abgenommen werden und sich Spezialisten damit beschäftigen, werden die direkt Betroffenen zu dilettantierenden Laien für ihre eigenen Probleme. Professionelle Spezialisierung wirkt sich so hemmend auf Selbsthilfe aus. Außerdem konzentrieren sich Fachleute auf die Aspekte des Problems, die *ihnen* relevant erscheinen und behandeln die Teile stiefmütterlich, die den Betroffenen vielleicht wichtig sind, für welche die Experten aber nicht zuständig, nicht kompetent oder nicht finanziert sind.

Das ist ein Verlust, sowohl für die Betroffenen als auch für die Gemeinschaft, denn Konflikte können Energiequellen, Muntermacher und Vitalisierer für Gemeinschaften sein.

Christie meint, das moderne Rechtssystem sei ein struktureller Diebstahl der Konflikte, die jede Gemeinschaft zur eigenen Vitalisierung braucht. Deswegen müssten sich Gemeinwesen und Gruppen gegen diese Enteignung ihrer Probleme schützen, um ihre Rohstoffe für soziales Geschehen im Stadtteil oder im Dorf oder in der Verwandtschaft zu erhalten. Damit stellt Christie eine starke These auf, der das folgende Kapitel nachgeht, indem analysiert wird, was „Gemeinschaft" überhaupt bedeutet und wie sich deren Art des Helfens und Entscheidens von der Organisationen und professionellen Fachkräfte unterscheidet.

4.2 Zwischen Gemeinschaft und Gesellschaft

Ferdinand Tönnies, ein Gesellschaftswissenschaftler der ersten Stunde, hat 1887 ein Buch mit dem Titel „Gemeinschaft und Gesellschaft" geschrieben (2005) und stellt darin die Fragen, warum Menschen sich um andere Menschen kümmern und warum Menschen mit anderen Menschen kooperieren. Das wäre auf zwei sehr unterschiedliche Arten beantwortbar.

Einmal nimmt Tönnies an, dass Menschen anderen Menschen helfen, wenn sie sich als Teil einer Gemeinschaft empfinden, deren Gesamtwohlergehen für sie einen sehr hohen Wert hat. In Gemeinschaft empfindet sich der Mensch eingewoben. Er sieht sich als Teil eines sozialen Kreises, den er nach Kräften schützen und nähren will und von dem er sich gleichzeitig unterstützt und getragen fühlt. Solche Gemeinschaftsbeziehungen kann man sich nicht in jedem Fall *aussuchen*, sondern man ist mit denen zusammen, mit denen man seit dem Zufall der Geburt verwachsen ist. Gemeinschaftsbeziehungen lassen sich auch nur begrenzt *austauschen*: Schwester bleibt Schwester, Freunde kann man nicht wie Hemden wechseln und schließlich sind Gemeinschaftsbeziehungen *ausufernd*. Man ist für alles zuständig: Wenn der

4.2 Zwischen Gemeinschaft und Gesellschaft

Wagen des besten Freundes nicht anspringt, besteht die Erwartung auf Aushilfe und genauso vielleicht, wenn er ein Problem mit seiner Ehefrau hat. In Gemeinschaftsbeziehungen herrscht eine Allzuständigkeit, die wir uns als Fachkräfte überhaupt nicht vorstellen können. Typisch für Gemeinschaftsbeziehungen sind Eltern-Kind-Beziehungen. Hier ist „Gemeinschaft" so stark, dass sogar der Begriff „Beziehung" unpassend wirkt: Eltern haben mit ihren Kindern keine „Beziehung", sie „gehören" gewissermaßen einander. Andere Beispiele sind: Lebensgemeinschaften, Ehegemeinschaften, Geschwisterbeziehungen, Busenfreundschaften, aber in schwächerer Form auch Nachbarschaften und Freundeskreise. Mit Tönnies' Worten: Gemeinschaft des Blutes (Verwandtschaft), Gemeinschaft des Ortes (Nachbarschaft) und Gemeinschaft des Geistes (Freundschaft) (Tönnies 2005, S. 16 f). In Gemeinschaften helfen Menschen anderen Menschen, weil sie sich kennen, Anteil am Leben der anderen nehmen, weil sie eine Neigung zur Mit-Freude und zum Mit-Leide (ebd. S. 23) haben und weil sie sich als Teil eines sozialen Ganzen sehen. Das „Einverständnis" in der Gemeinschaft ist ein „stillschweigendes", d. h. man vereinbart Hilfe nicht, sondern sie geschieht, vielleicht ohne, dass darüber gesprochen wird. Dabei wird nach „hauskommunistischen" Grundsatz nicht abgerechnet, sondern der Einzelne trägt nach seinen Kräften bei und genießt nach seinen Bedürfnissen (Weber 2010, S. 278), wenngleich eine grundsätzliche Gegenseitigkeitserwartung existiert. Wem geholfen wurde, der versucht, etwas zurückzugeben, das aber nicht wie Bezahlung anmuten darf, sondern wie Anerkennung und Ausgleich. Wenn dagegen Aushandlungen, Entgelte und Verträge notwendig sind, befindet man sich in dem, was Tönnies „Gesellschaft" nennt. Dort bestimmen andere, moderne Motive, wie und warum Menschen sich helfen, verbinden oder verbünden.

War in der Gemeinschaft der Mensch primär mit anderen Menschen verbunden, so ist er in der „Gesellschaft" grundsätzlich von anderen Menschen getrennt: „eine Menge von … Individuen, der Willen und Gebiete in zahlreichen Beziehungen zueinander und in zahlreichen Verbindungen miteinander stehen und doch voneinander unabhängig … bleiben" (Tönnies 2005, S. 60). Der Mensch empfindet sich nicht als Teil von etwas, sondern als Einheit für sich selbst, als Ichling (Keupp 2000) und es sind die eigenen Anstrengungen, die Menschen mit anderen Menschen in Verbindung bringen. Diese bewusst geschaffenen Verbindungen sind allerdings meist nur ausschnittweise, d. h. auf einen bestimmten Zweck gerichtet und dauern solange wie dieser Zweck besteht. Durch dieses moderne Handeln in viele verschiedenen Rollen werden wir gewissermaßen „viel-ichig" (Precht 2010).

In der Gesellschaft wird der Staat mit seinen Gesetzen und Organisationen als Vermittler zwischen Unverbundenen notwendig, weil auch die Unverbundenen aufeinander angewiesen sind. Der Staat regelt Arbeitsverträge, Leistungsverträge und Rechtsansprüche und dadurch auch, wie viel Verbindung und Verbindlichkeit z. B. ein Klient von einem Sozialarbeiter erwarten kann. Typische Gesellschaftsbeziehungen sind die Beziehungen zwischen Arbeitgeber und Arbeitnehmer, zwischen Mieter und Vermieter oder zwischen Käufer und Verkäufer und eben auch die Beziehung zwischen Sozialarbeiter und Klient.

Die Gemeinschaft ist die ältere, die Gesellschaft die moderne Sozialform (Tönnies 2005, S. 5). Das Wesen der Gemeinschaft ist Beständigkeit und Geborgenheit. Das Wesen der Gesellschaft ist Freiheit und Veränderbarkeit. Max Weber formulierte das so: „Vergemeinschaftung' soll eine soziale Beziehung heißen, wenn und soweit die Einstellung … auf subjektiv gefühlter (affektualer oder traditionaler) Zusammengehörigkeit … beruht. ‚Vergesellschaftung' … soweit die Einstellung auf rational motiviertem Interessenausgleich oder … Interessenverbindung beruht" (2010, S. 29). Der reinste Typ der Vergesellschaftung ist nach Weber der „frei paktierte Tausch auf dem Markt" (ebd.).

Beide Sozialformen sind nur idealtypisch trennbar. Sie kommen in der Wirklichkeit immer in einem Mischungsverhältnis vor. „Jede noch so zweckrationale und nüchtern geschaffene und abgezweckte soziale Beziehung (Kundschaft z. B.) *kann* Gefühlswerte stiften, welche über den gewillkürten Zweck hinausgreifen. (…) Ebenso *kann* umgekehrt eine soziale Beziehung, deren normaler Sinn Vergemeinschaftung ist, von den Beteiligten ganz oder teilweise zweckrational orientiert werden" (ebd. S. 30). Wir sind also Bürger zweier Welten: Bürger einer altertümlichen, beständigen und kleinen Welt und gleichzeitig Bürger einer modernen, sich permanent verändernden, einer geradezu grenzenlosen Welt und wir spüren die Bruchstellen.

4.3 Moderne und traditionelle Problembearbeitungspraktiken

Restorative Practices (RP)[26] modellieren Problembearbeitungspraktiken, die im modernen Sozialstaat nicht (mehr) vorgesehen sind. Diese Praktiken muten aus der Sicht der modernen Sozialarbeit mitunter altmodisch an, weil sie nicht ins moderne Fortschrittsschema der Maximierung von Wissenschaft, Markt, Indivi-

---

26 „Practices" gehen über den Bereich des Strafrechts hinaus und schließen weitere Arbeitsfelder der Sozialen Arbeit ein, wie die Jugendarbeit, die Schulsozialarbeit oder die Gemeinwesenarbeit (vgl. Costello 2009).

4.3 Moderne und traditionelle Problembearbeitungspraktiken

dualität und Recht passen. Restorative Practices sind aus den zu beobachtenden Grenzen eben dieser modernen Strategien entstanden. Sie sind gewissermaßen als „reflexive Modernisierung" zu verstehen, die den ungewollten Nebenwirkungen der Maximierung von wissenschaftlicher, marktwirtschaftlicher, administrativer und juristischer Bearbeitung von Problemen entgegentritt und sie zu ändern versucht.

Die folgende Darstellung präzisiert die Gegenüberstellung von Gemeinschaft und Gesellschaft unter Bezug auf Talcott Parsons Orientierungsvariablen (pattern variables, Parsons 1962). Der amerikanische Soziologe beschreibt mit fünf Dichotomien unterschiedliche Wertorientierungen, die einerseits als individuelle Handlungsmaximen und andererseits auch als soziale Verhaltenserwartungen gelesen werden können. In ihrer Zusammenschau markieren sie den Unterschied zwischen modernen und traditionalen sozialen Systemen (Parsons 1962, S. 77; dt. vgl. Habermas 1988, S. 333). Parsons hat diese Orientierungsvariablen als *binäre* Entscheidungsalternativen verstanden, „one side of which must be chosen", also als ein „Entweder-Oder". Vielleicht muss man dieser Konstruktionsentscheidung nicht folgen, sondern kann sie eher als ein Nebeneinander verstehen, als eine widerspruchsvolle *und* produktive Symbiose von Vergangenheit und Gegenwart. Diese doppelte Sicht, die modern und traditionell miteinander verschränkt, erklärt die besonderen und neuen Optionen, die RP bieten.

1. Stabilität und Veränderung

▶ Soll man von gegebenen Qualitäten ausgehen und diese wertschätzen oder Qualitätsveränderung durch Leistung anstreben (Ascription versus Achievement)?

Die traditionellen Institutionen der Gemeinschaft sind statisch. In statischen Systemen – bspw. in der Familie – ist die Welt, wie sie ist. Sie ist gegeben. Ein schönes Beispiel, wie moderne Menschen damit hadern, ist der Roman von Jonathan Franzen: Die Korrekturen. Darin versuchen drei erwachsene Kinder das, was wohl viele schon probierten: Die Fehler ihrer Eltern nicht zu wiederholen. Dazu versuchen sie sich und ihre Eltern so zu „korrigieren", wie es ihnen im Lichte aufgeklärter Erkenntnis richtig erscheint. Aber je stärker sie sich darum bemühen, desto weniger erreichen sie davon. In einer Gesellschaft, in der technisch fast alles machbar ist, in der philosophisch fast alles denkbar ist, erweisen sich kleine Systeme, wie z. B. die Familie oder die Freundschaft, relativ sperrig für Veränderung(en), obgleich die Menschen, von ihren modernen Visionen angestachelt, ständig nach Veränderungen (Korrekturen) trachten. Im gezielt anderen Lebensstil der Kinder bleibt das Muster der Herkunft unverkennbar. Die Gemeinschaft baut auf Statik auf. Das Unveränderbare bekommt in der Tradition sogar die Aura des Heiligen. In der traditionalen Vorstellung der Gemeinschaft bestimmen Herkunft und Einbindung zum größten Teil die Person: Das Kind bleibt Kind seiner Familie, weil es ihr zugehört. Die familiäre, verwandtschaftliche und später auch sozialräumliche Einbindung eines Menschen ist so etwas wie Schicksal, das man nicht komplett abstreifen kann. Dagegen die Vorstellung der Moderne: Die Welt ist veränderbar. Ich bin veränderbar. Im Prinzip ist alles veränderbar. Nichts muss so bleiben wie es ist, sondern sollte zu dem gemacht werden, wie es sein soll, im Lichte unserer Erkenntnis, mit der Energie unserer Aspirationen und der Kraft unserer Leistung. In Marx' und Engels kommunistischem Manifest heißt es: „Alle festen eingerosteten Verhältnisse, alle altehrwürdigen Anschauungen werden aufgelöst, alle neu gebildeten veralten, ehe sie verknöchern können. Alles Ständische und Stehende verdampft, alles Heilige wird entweiht, und die Menschen sind endlich gezwungen, ihre Lebensstellung, ihre gegenseitigen Beziehungen mit nüchternen Augen anzusehen" (zit. nach Kleve 2011). Im ähnlichen Duktus definiert Kant Aufklärung als „Befreiung des Menschen aus seiner *selbstverschuldeten* Unmündigkeit. Habe Mut, dich deines eigenen Verstandes zu bedienen!" (1784) und dein Leben und die Gesellschaft dementsprechend zu verändern. Die Vorstellung der Moderne ist also die der Verantwortung für Entwicklung und Fortschritt. Stillstand ist Misserfolg, Veränderung hingegen Erfolg. Sozialpädagogische Wirksamkeit wird mit einer Veränderung der Klienten gleichgesetzt. Moderne Hilfe ist Veränderung. So heißt es in §1 SGB VIII: „Jeder junge Mensch hat ein Recht auf Förderung seiner Entwicklung …".

Hans Thiersch weist darauf hin, dass die Maxime der zielbezogenen Veränderung in eigentümlicher Spannung zu unserem Alltagshandeln stehe, das eher abwartend ist: „Kommt Zeit, kommt Rat!", eher entdramatisierend: „Das wird schon wieder!", „Das wächst sich aus!", eher sich arrangierend mit den Umständen: „Das wird schon irgendwie gehen!" (1989). Man muss wahrscheinlich anerkennen, dass in beiden Positionen Wahrheit steckt: Sich zu entwickeln ist ein menschliches Grundbedürfnis und ein ethisches Gebot. Gleichzeitig wissen wir, dass sich nicht alles verändern lässt und unser Lebensglück auch darin besteht, sich mit Umständen gut zu arrangieren.

2. Emotionalität und Neutralität

▶ Sollen Handelnde gefühlsbetont oder mit neutraler Distanz an ein Problem herangehen? (Affectivity versus Affective neutrality).

Parsons zweite Dimension ist zwischen emotional und gefühlsneutral aufgespannt. Vor einigen Jahren hat die Berliner Stadtreinigung mit dem Slogan geworben „We kehr for you!" Die gleiche Aussprache von „kehren" und „kümmern" (care) impliziert ein emotionales Engagement, wo man eigentlich nur ein zweckgerichtetes Funktionieren erwarten dürfte und legt eine Synthese von Gefühl und Kalkül nahe, die wohltuend wäre.

4.3 Moderne und traditionelle Problembearbeitungspraktiken

Das traditionelle Handeln war gefühlsbestimmt, der Fortschritt der Moderne ist die Einklammerung der Affekte, zugunsten einer rationalen Analyse. So hinterlegt Kant seinen kategorischen Imperativ „Handele nach *der* Maxime, die allgemeines Gesetz sein kann!" (vgl. Grundlegung zur Metaphysik der Sitten 1961, 57) nicht etwa mit einer humanitären *Neigung*, sondern mit der *Disziplin* zum konsequenten Durchdenken der eigenen Handlungsfolgen. Wer allerdings selbst emotional betroffen ist, nimmt die Dinge in einer unmittelbaren Weise wichtig. Das Mitgefühl, welches Schopenhauers Mitleidsethik (1859/2002, S. 484) gegen Kants gefühlneutrale Kategorienethik setzt, ist eine starke Kraft, die Anstrengungen möglich macht, welche professionell gar nicht herstellbar sind. Andererseits liegen auch die Vorzüge der „professionellen Distanz" des Sozialarbeiters auf der Hand: Emotionale Neutralität hilft, in schwierigen Situationen einen klaren Kopf zu behalten, verschiedene Perspektiven zuzulassen, zu analysieren und unterschiedliche Lösungswege abzuwägen. Die neutrale Betrachtung ist beweglicher, vielleicht auch gerechter.

In der derzeitigen Praxis scheinen beide Maximen auffindbar und bilden eine eigenartige Ambivalenz: Die klientenzentrierte Beratung beispielsweise legt besonderen Wert auf Emotionalität und macht Empathie zum Haltungsprinzip. Hilfeplanungsverfahren dagegen sind affektiv neutral konzipiert, lassen wenig Raum für Streit, für Versöhnung, für Trauer, für Ehre, für Großzügigkeit, für Hilfsbereitschaft, für das Fühlen von Zusammengehörigkeit. Sie orientieren sich eher an einer bürokratischen Zweckmäßigkeit. Die Ressource „Betroffenheit" bleibt hier weitgehend ungenutzt.

3. Kollektivorientierung und Individualorientierung

▶ Soll man sich an kollektiven Interessen und Überzeugungen orientieren oder seinen eigenen Interessen und Überzeugungen folgen? (Collective orientation versus Self orientation)

Steht in der Gesellschaft der Einzelne im Mittelpunkt und fühlt sich auch oft als Einzelner, so war es in der Gemeinschaft die Gruppe. Robert Nisbet zufolge war die Vorherrschaft der kleinen sozialen Gruppe das wesentliche Merkmal des mittelalterlichen Lebens (1953). Man war weniger man selbst als Teil einer Familie, einer Sippe, eines Dorfes oder eines Standes. Ein Dorf war nicht nur Wohnort, sondern eine Art ökologische Nische, in der man verwurzelt war. Sich dauerhaft davon zu separieren, war ein Risiko wie das Umtopfen einer Pflanze. Die Familie war wesentlich mehr als ein Netz emotionaler Beziehungen zwischen Menschen. Sie war eine feste Organisation mit fragloser Solidarität. Erfolg, Ehre, Probleme, Heirat etc. waren nie Sache der Einzelnen, sondern immer Sache der Familie als

Ganzes. Dabei ging die Einheit der Effektivität vor: Lieber zusammen leiden als alleine Erfolg haben. Die Mission war Übereinstimmung und Gemeinschaftlichkeit, nicht Erfolg. Renaissance, Reformation und Revolution schälten dann in faszinierender Weise das Individuum aus der fast organisch anmutenden Gemeinschaft des Mittelalters heraus. Die dabei stattfindende Beschneidung der Gruppenrechte war eines der revolutionärsten Entwicklungsmomente der Neuzeit. Die traditionale Rechtsprechung z. B. war bestimmt von der Dominanz der Gruppen, Stämme und Familien. Es waren deren Hierarchien, Regeln und Verantwortungen, die für gesellschaftliche Ordnung sorgten und zwischen Recht bzw. Unrecht entschieden. Im modernen Recht haben wir ein Primat des rechtlich autonomen Individuums. Die immer geringer werdende Abhängigkeit des Menschen von seiner Sippe und seiner Familie ging einher mit der Vergrößerung der individuellen Rechte und Pflichten im modernen Recht. Heute wird nicht mehr die Familie und schon gar nicht die Sippe vom Recht in die Pflicht genommen oder mit Rechten bedacht, sondern vorwiegend die Einzelperson. In der Neuzeit wurde die Macht der Sippen, Clans, Verwandtschaften, Dorfgemeinschaft und Familien – kurz: die Macht der sozialen Gruppen – von einer anderen Instanz usurpiert. Diese neue aufstrebende Macht war der moderne Zentralstaat, der sich von einer nachrangigen Institution im Mittelalter quasi zu einem Monopolisten aufschwang, für Krieg und Frieden, für Rechtssetzung, Bestrafung und Gewaltanwendung, für Beschulung, Erziehung und Wohlfahrt. Die Geschichte der westlichen Staaten war eine Geschichte der kontinuierlichen Macht- und Verantwortungsabsorption durch den souveränen Staat und eine Geschichte der immer direkteren Verbindung zwischen Individuum und Staat. Um dies zu erreichen, penetrierte dieser souverän gewordene Staat immer mehr die zuvor autonom gewesenen Bereiche der sozialen Gruppen.

Mit diesem Eindringen des Staates in vorher eigenständige Sphären war die Verheißung von Freiheit verbunden. Die Aufklärer glaubten, dass die Menschen durch Kirche, die Dorfgemeinschaft, die überkommenen Sitten und patriarchale Familienstrukturen unterdrückt würden. Um den Menschen wahrhaft menschlich zu machen, musste man ihn befreien: aus den veralteten Einbindungen, Traditionen, Vorurteilen von Kirche, Patriarchat, Sippe und dörflicher Kontrolle. Stattdessen sollte dafür eine neue Beziehung zwischen dem modernen Staat und seinem Untertan etabliert werden, gebaut auf Vernunft, Unabhängigkeit und Individualität.

Die sozialen Gruppen waren auf gewachsene kollektive Reziprozität gebaut. Der Staat ersetzte diese Gegenseitigkeit durch formale Rechtsansprüche. Das folgende Beispiel aus der englischen Rechtssprechung zeigt sehr anschaulich, wie Elternrecht im gesetzlichen Rahmen gesehen und die Eltern-Kind-Beziehung als eine *Vertrags*-Beziehung konzipiert wurde: „The parents obligeth his children as far as the law permitteth, not further … The parent had domination over his child

4.3 Moderne und traditionelle Problembearbeitungspraktiken

because he begat him; but from the child's consent, either expressed, or by sufficient arguments declared." (Hobbes (1651): Leviathan, zit. nach King 2013, 225)

Aber – so Nisbet – das aus der Gemeinschaft befreite Individuum hat sich nicht als so selbstgenügsam, weise, glücklich und wirkmächtig herausgestellt wie zuvor gedacht. Heute gibt es einen leistungsfähigen Sozialstaat, selbstbezogene, zielbewusste Individuen, aber keine leistungsstarken sozialen Gruppen mehr. Die „Fröste der Freiheit" (Beck und Beck-Gernsheim 1990) machen Menschen irgendwie heimatlos und sie spüren eine „Sehnsucht nach Gemeinschaft" („Quest for Community"). Sowohl Bindungstheorie als auch Sozialkapitaltheorie kommen zum selben Ergebnis, dass es neben dem Grundbedürfnis nach Selbstverwirklichung auch ein Grundbedürfnis nach Aufgehobensein und Anerkennung gibt. Der französische Philosoph Emmanuel Levinas (2008) drückt das so aus: Menschsein ist abhängig vom anderen Menschen, denn im anderen Menschen wird mir meine Bestimmung offenbar. Das Kollektive, z. B. in Form von Netzwerken, spielt allerdings in der Fallarbeit eine untergeordnete Rolle. Wenn es um das Wohl eines Kindes geht, dann werden die beiden juristisch „Sorgeberechtigten" beteiligt. Großeltern, Tanten, Onkels, Nachbarn und Freunde haben kein offizielles Recht zur Mitwirkung. Diese alles andere als systemische Rechtsvorschrift tut so, als könne man einem Menschen als Einzelmenschen helfen und vernachlässigt die Tatsache, dass er – trotz individueller Rechte – Mitglied einer bestimmten Verwandtschaft, Nachbarschaft, Kollegenschaft, Kirchengemeinde oder Clique ist, mit ihr ge- und verwachsen ist, ihr in gewissem Sinne auch „gehört". Häufig werden die natürlichen Einbindungen der Menschen von der professionellen Sozialarbeit nicht nur ignoriert, sondern als Voraussetzung für professionelle Hilfe in räumlich entfernten Spezialeinrichtungen geradezu gekappt: „Unsere therapeutischen Angebote sind pädagogische Gruppenarbeit, Verhaltenstherapie, Erlebnispädagogik wie klettern, reiten und Kanufahrten und Kunsttherapie: Töpfern, Filzen, Bildhauerei. Der Standort unseres Heimes in einem kleinen abgeschiedenen Dorf gewährleistet die Intensität der Betreuung in einem heilpädagogischen Milieu." (aus dem Informationsblatt einer stationären Einrichtung). Der soziale Raum wird leer geräumt, damit man sich ganz auf den Eingriff am Individuum konzentrieren kann.

Anders z. B. die Konzeptveränderung, die in einem Suchtprojekt in Indien vorgenommen wurden, da die Akzeptanz des Projektes bei der Bevölkerung zu wünschen übrig ließ (vgl. Gray et al. 2010, S. 141ff). Das ursprüngliche Konzept hatte typisch amerikanische konfrontative Elemente: Die Ehefrauen sollten ausziehen, damit ihre Männer auf die Wirkungen ihres Alkoholkonsum eindrucksvoll aufmerksam gemacht würden. Ein solches Vorgehen ist aber für eine indische Ehefrau undenkbar, deren Stolz und Ansehen gerade darin besteht, in jedem Fall zu ihrem Mann zu halten. Andererseits gibt es in dieser indischen Community

eine hohe Verpflichtung, Verwandten zu helfen, woraufhin das Programm wie folgt umgearbeitet wurde:
Die Teilnahme der Verwandten an der Entwöhnungstherapie der Männer wurde verpflichtend gemacht (ebd. S. 145) und die Regeln des vorherrschenden Kastensystems genutzt: Bei Brahmanen wurde in der Therapie das Konzept von „Schuld" angewandt, weil trinken von Brahmanen als Sünde und moralisch falsch angesehen wurde. Bei Parias gilt exzessives Trinken bei bestimmten sozialen Gelegenheiten eher als soziale Norm. Trinken hat nichts mit Schuld zu tun. Was dort allerdings Bedeutung hat, ist soziale Kontrolle durch die Gruppe. Also wurden die Familienangehörigen und Freunde so in das Programm integriert, dass deren Gruppendruck erfolgssteigernd wirken konnte. Dieses Beispiel macht deutlich, welche Rolle Kollektivorientierung im modernen Helfen spielen kann, es weist aber bereits auch auf die nächste Unterscheidungsdimension zwischen Gemeinschaft und Gesellschaft hin.

4. Kontextbezug und Allgemeingültigkeit

▶ Soll die jeweilige Situation distanziert und unter jedermann betreffenden Gesichtspunkten betrachtet werden oder soll man sich auf die besonderen Konstellationen der jeweiligen gegebenen Situation einlassen? (particularism versus universalism; Parsons 1962, S. 81)

D. h. soll man sich an allgemeinen Standards orientieren oder an partikularen, die nur in einer bestimmten Kultur, in einem bestimmten Milieu oder in einer bestimmten Familie zu einer bestimmten Zeit gelten, aber für die Allgemeinheit keine Gültigkeit haben, ja bisweilen mit allgemeinen Standards sogar in Konkurrenz stehen? Ist prinzipiengeleitetes, kategorisches Handeln oder kontextabhängiges richtig? Soll beispielsweise die Beziehung zwischen Helfer und Hilfesuchendem ausschlaggebend sein oder soll die Lösung des Problems gerade unter Absehung von der Beziehung erfolgen? Je stärker Wissenschaft und Recht in der Sozialen Arbeit zum Tragen kommen, desto mehr tendiert sie in Richtung Universalismus, denn zu *allgemeingültigen* Erkenntnissen und Lösungen zu kommen, war ja gerade das Ziel „moderner" Wissenschaft und „modernen" Rechts. Darin liegt der Fortschritt: Die Nichtbeachtung der Position des Betroffenen soll „gerechte" und eine abstrahierte Version der spezifischen Perspektive des Beobachters soll „objektive" Ergebnisse erzeugen. Justitia wird blind dargestellt. Alle werden gleich behandelt, ihre Umstände zählen nicht, was darauf hinaus läuft, dass Ungleiche gleich behandelt werden (vgl. Früchtel 2011, S. 37). Jede Form der Diagnostik ist auf eine Einordnung eines spezifischen Bildes in eine generelle Kategorie angewiesen unter Absehung der individuellen Eigenheiten. Rechtliche Leistungsansprüche müssen allgemein beschrieben werden und kommen dann als ein allgemeiner Standard zur Anwendung, der zwar ggf. noch individuell angepasst wird, aber ganz neue individuelle Entwürfe nicht mehr zulässt. In der *lebensweltorientierten* Sozialen Arbeit wird der Respekt vor der Eigensinnigkeit des individuellen Alltags zum zentralen Prinzip. Es geht dort um das Wiederfunktionieren des jeweiligen Alltags und nicht um einen wissenschaftlich verallgemeinerten „richtigen" Alltag. Deswegen entstehen Diagnosen im Dialog und sind mehr modus vivendi als objektive Wahrheit. Das Konzept und Selbstverständnis des Nicola Valley Institute of Technology in Kanada/British Columbia macht den Unterschied zwischen einem lokalen, d. h. partikularistischen (für diese Community passend) Ausbildungskonzept und einem universalistischen (in jedem Land anwendbar) anschaulich. Dort bringen Studenten wie auch Dozenten von Zeit zu Zeit ihre Kinder mit in den Unterricht, wenn es sich so ergibt. Das entspricht der Stellung des Kindes bei den einheimischen kanadischen First-nation-people: Kinder haben einen hohen Wert und gelten als heilig. Die Stimmung ist anders, wenn ein Kind in einer Ecke des Raumes summend ein Bild malt, während gleichzeitig über Kindeswohl diskutiert wird. Im Nicola Valley Institute gibt es einen Ältestenrat, welcher beratend und leitend bei Fragen und Entwicklung der Programme zur Verfügung steht. Durch den Ältestenrat wird eine familienähnliche Atmosphäre geschaffen. Manche der Ältesten nehmen rituelle Handlungen wie Reinigungszeremonien der Gebäude vor, sie sprechen die üblichen Gebete und sorgen dafür, dass die traditionalen Feste im Jahreskreis würdig gefeiert werden. Die Ältesten sind in der Community bekannt und werden aufgrund ihres traditionellen Wissens in den Bereichen Rituale, Philosophie, Medizin u. ä. geschätzt. Sie werden zur Mediation und Konfliktbearbeitung angefragt. Andere ältere Bürger sitzen oft gemeinsam mit den jungen Studenten im Unterrichtsraum und lernen; manchmal lehren sie auch. Aufgrund ihres Status' entscheiden sie selbst, welche Lernform für sie angemessen ist. Studien- und Prüfungsordnungen passen sich dem an. Dieses lokale Wissen (Gebräuchlichkeiten, Umgangsformen, Weltsichten) ist an diesen Ort gebunden und sicher nicht verallgemeinerbar (dargestellt nach Janssen 2012, S. 36).

5. Ganzheitlichkeit und Spezialisierung

▶ Soll man die konkrete Situation ganzheitlich in den Blick nehmen oder sich auf den Ausschnitt konzentrieren, für den man als Fachmensch kompetent und zuständig ist? (diffuseness vs. specificity)

Ganzheitlichkeit fordert die möglichst konkrete Berücksichtigung der gesamten Komplexität einer Person oder Situation, die „diffuse" Erfassung eines unvergleichbaren, nicht teilbaren Ganzen. Die Aufmerksamkeit des Akteurs gilt allen erdenklichen

Aspekten. Von ihm wird erwartet, sich mit jedem potentiellen Thema oder Problem seines Partners zu beschäftigen und sich dementsprechend in vielfältiger Weise helfend in seinem Sinne zu engagieren (typisch: Eltern-Kind-Beziehung). Spezialisierung hingegen bedeutet die Konzentration auf spezifische, wohldefinierte Anliegen und Arbeiten. Der Akteur ist zuständig für *bestimmte* Aspekte und für andere gerade nicht. Die daraus entspringenden Handlungen sind standardisiert, vordefiniert, genau einschätzbar, kontrollierbar, evtl. auch durch technische Regeln beschreibbar.

Ganzheitlichkeit-Spezialisierung ist nach Parsons eine relationale Kategorie (Parsons 1962, S. 83), welche die Beziehung zwischen den Akteuren definiert. Der Hilfeempfänger hat entweder spezielle „Rechte", die Zuständigkeit und die Verpflichtungen des Helfenden sind klar definiert oder die Verpflichtungen des Helfenden sind gerade nicht festgelegt, sondern unbegrenzt diffus bzw. werden nur beschränkt durch andere Verpflichtungen. Das Anliegen des Briefträgers nach einem Gespräch über dessen Ehekonflikte kann man zurückweisen, verweigert man aber der eigenen Ehefrau das Gespräch über ihre Schwierigkeiten am Arbeitsplatz, dann stellt man die Paarbeziehung infrage (Hildenbrand 2005, S. 84, zit. nach Kleve 2011) Im ersten Fall liegt die Nachweispflicht beim Briefträger, der etwas einfordert. Prima facie ist sein Anliegen *exkludiert*. Im Fall der Ehefrau kann man von einer grundsätzlichen *Inklusion* ausgehen: Jedes ihrer Anliegen hat seine Berechtigung, es sei denn, der Ehemann kann wichtigere Verpflichtungen angeben, die es ihm (im Moment) unmöglich machen zuzuhören, etwa weil erst die Kinder ins Bett gebracht werden müssen.

Interessant ist die Ganzheitlichkeit-Spezialisierungs-Unterscheidung im Vergleich alltagsweltlichen und professionellen Helfens. Ersteres geht ziemlich automatisch von einer Allzuständigkeit aus, die aus professioneller Sicht mitunter dilettantisch gewertet wird. Im professionellen Helfen hingegen werden gezielt einige Aspekte aus einem Problemzusammenhang ausgeschnitten, für die man zuständig und kompetent ist (Problemparzellierung). Durch diese Komplexitätsreduktion aber verliert man den Blick auf den Gesamtzusammenhang. An und für sich plausible Lösungswege können deswegen nicht funktionieren, weil sie die Rechnung ohne eine Vielzahl von Faktoren machen, die allesamt Einfluss haben. Ein neues Handy widerspricht zwar dem Sanierungsplan, verspricht aber einen deutlichen Statusgewinn in der Clique, der aus der spezialisierten Perspektive des Schuldenberaters nicht sichtbar ist.

Grundsätzlich erstaunlich bei der Betrachtung von Parsons Orientierungsvariablen ist, wie eindeutig doppeldeutig Soziale Arbeit eigentlich agieren müsste, um ihren Adressaten gerecht zu werden. Sie müsste eigentlich in beidem Sozialformen verankert sein und genau in dieser Ambiguität läge ihr besonderes Potential, etwa im Vergleich zu anderen helfenden Dienstleistungsberufen wie des Arztes, des Rechtsanwalts oder des Therapeuten.

Gemeinschaft	Gesellschaft
Stabilität	Veränderung
Emotionalität	Neutralität
Kollektivorientierung	Individualisierung
Kontextbezug	Allgemeingültigkeit
Ganzheitlichkeit	Spezialisierung

Abb. 3 Vergleich von Gemeinschaft und Gesellschaft nach Parsons

4.4 Kombinierte Handlungsorientierungen als Renaissance gemeinschaftlicher Hilfe

Tönnies hat seinen Gemeinschaftsbegriff als kritischen Gegenbegriff gegen eine naiv liberale Fortschrittseuphorie konstruiert. Er bezeichnet ein nicht zweckrationales Handeln, das aus Sicht der zweckrationalen gesellschaftlichen Subsysteme wie Wirtschaft, Recht, Verwaltung etc., zum Teil *irrational* wirken kann (Weber 2010, 295). Tönnies hatte seinerzeit den Zerfall von Gemeinschaft zugunsten von Gesellschaft im Blick. Diese These wird von Joas (1992, S. 43) als Besonderheit des *europäischen* Denkens bezeichnet. In der amerikanischen Theorie entdeckt Joas als dritte Phase eine erneute *Vergemeinschaftung*, die offen sei für kombinierte Handlungsorientierungen.

Der amerikanische Weg endet nicht nach dem Schritt von Gemeinschaft zu Gesellschaft. Einen Schritt weiter kommt bei den Amerikanern eine erneute Vergemeinschaftung, eine Reorganisation gemeinschaftlichen Handelns – auf modernerem Niveau. Die amerikanische „community" hat nicht wie die deutsche „Gemeinschaft" eine altmodische, sondern eine ausgesprochen fortschrittliche Konnotation: „Dieses Land hat mehr Reichtum als jede andere Nation, aber das macht uns nicht reich. Wir haben die stärkste Armee der Welt, aber das macht uns nicht stark. Um unsere Universitäten und unser Kulturleben werden wir in der ganzen Welt beneidet, aber nicht deshalb kommt die Welt an unsere Ufer. Was Amerika außergewöhnlich macht, sind die Bande, die die vielfältigste Nation der Welt zusammenhalten. Der Glaube, dass wir unser Schicksal miteinander teilen, dass dieses Land nur funktioniert, wenn wir bestimmte gegenseitige Verpflichtungen und Verantwortung füreinander annehmen." (Barack Obamas Rede nach seinem Wahlsieg 2012, Chicago, zit. nach Süddeutsche Zeitung 7.11.2012).

Joas zeigt, dass die amerikanische „community" nicht wie die deutsche „Gemeinschaft" alt und verstaubt ist. Demokratie ist ohne „community" nicht denkbar

(Joas 1992, zit. nach Wurtzbacher 2003, S. 94). Gemeinschaft und Gesellschaft seien demnach keine Gegensätze, sondern lassen sich verbinden. Aber genauso wenig wie gefriergetrocknete Shrimps wieder zum Leben erwachen, wenn man Wasser drüber schüttet, werden das Gemeinschaftstugenden tun, die durch zuviel Gesellschaft beschädigt oder verdrängt wurden, behauptet Francis Fukuyama. Deswegen wird unter verschiedenen Namen wie Kommunitarismus (Etzioni 1995), dritter Weg (Giddens 1999), Bürgergesellschaft (Dettling 2002), Soziales Kapital (Putnam 2000) nachgedacht, wie staatliches Handeln wieder re-sozialisiert werden kann. In seiner Vision der „Big Society" beschreibt der britische Staatschef (Cameron 2010) wie der Big-Government-Staat sich durch ausgesprochen erfindungsreiche Politik und Verwaltungskunst neu erfinden muss, um Spielraum für die „Big Society" der Bürger und ihrer Zusammenschlüsse zu schaffen.

Nun soll gezeigt werden, wie sich Restorative Social Work genau an diese Mehrdeutigkeit anschließt, beispielsweise indem das Recht benutzt wird, um Rechte auf Partikularität zu verallgemeinern oder die professionelle Arbeit den Einfluss von Experten begrenzt. Restorative Social Work sind Verfahren, die das viel zitierte Dorf zusammentrommeln, das man braucht, um einen jungen Menschen zu erziehen oder um inklusive Unterstützung zu verwirklichen. Diese Methoden werden als „restorative", deutsch „*restaurativ*", bezeichnet, weil sie eine Orientierung auf traditionale Gemeinschaftsprozesse „wiederherstellen", die in der modernen Sozialarbeit verloren gegangen sind (vgl. Früchtel 2011). Dazu wird ein Spielraum geschaffen, der staatliches Handeln für bügerschaftliches Handeln öffnet, z. B. indem der Kreis der Beteiligten aus Verwandtschaft, Freundschaft, Nachbarschaft so weit wie irgend möglich gezogen wird, diese Gruppe der Helfenden mit Entscheidungsrechten ausgestattet wird. Dadurch sollte staatliches Handeln besser in Einklang mit lebensweltlichen Gepflogenheiten gebracht werden und der professionellen Arbeit auch die Stärkung von Gemeinschaft als Aufgabe zugeschrieben werden.

Im Täter-Opfer-Ausgleich, in Gemeinschaftskonferenzen, Friedenszirkeln, Familienräten und Persönlichen Zukunftsplanungen geht es primär darum, Rechte von Opfern, Kindern oder Menschen mit Behinderung zu stärken.

Das ist eine *moderne* Vorstellung. Rechte werden als Prüfkriterien an entstehende Pläne angelegt. Allerdings wird die Verwirklichung von Rechten erst einmal nicht durch Gerichtsentscheidungen oder nicht nur durch professionelle Hilfen angestrebt, sondern durch die Stärkung des *traditionalen* Gemeinsinns der beteiligten Familien- und Unterstützergruppen. Dazu wird der Kreis der Betroffenen über die vielleicht dysfunktionale Kernfamilie hinaus deutlich erweitert und die dann entstandene Großgruppe bekommt die offizielle Planungs- und Entscheidungsverantwortung. Ebenso bekommt sie das Privileg, die Planungsversammlung nach ihren eigenen Gepflogenheiten zu gestalten.

4.4 Kombinierte Handlungsorientierungen

Die naturwüchsige Nähe und das Mitgefühl der Beteiligten aus der Lebenswelt werden als wesentliche Kräfte gesehen, Hilfe zu realisieren, die professionell evtl. gar nicht herstellbar wäre. Da Aktivierung durch Betroffenheit geschieht, ist die Vorbereitungsphase darauf ausgelegt, viele potentiell Betroffene ausfindig zu machen, ihnen vom Problem zu erzählen und auch emotional verstehbar zu machen, warum sie als Onkel, Schwester, Freund, Nachbar oder Kollege hier wichtig sind.

Das Verfahren erfolgt nicht nach einer einheitlich vorgegebenen Verwaltungslogik, sondern wird an die partikulare Tradition der Familienkultur angepasst. Es wird dadurch eine *moderne* professionelle Funktion notwendig, die Organisations-, Koordinations-, Mediations-, Moderations- oder Kreiswächteraufgaben hat, was für alle Beteiligten neu ist.

Sie sorgt dafür, dass die Versammlung überhaupt zustande kommt, indem Menschen informiert und geworben werden. Im Zusammenspiel von System und Lebenswelt sorgt sie dafür, dass das Prinzip des maßgeschneiderten Verfahrens durchgehalten wird, das gleichzeitig soviel Nachvollziehbarkeit bietet, dass Ergebnisse verwaltungsintern wieder „übersetzt" werden können und damit anschlussfähig an die universelle staatliche Rechtsordnung bleiben.

Im Zusammenspiel der Betroffenen unterstützt die Koordinationsfunktion den Heimspielcharakter der Versammlung, etwa weil die Herkunftssprache gesprochen wird, Familienrituale zum Tragen kommen, selbst zubereitetes Essen verspeist wird. Andererseits sorgt die Koordination für die Stärkung schwacher Interessen innerhalb der Familiengruppe, indem etwa Opfern oder Kindern Fürsprecher oder behinderten Menschen Assistenten an die Seite gestellt werden. Die Stärkung erfolgt auch dadurch, dass die Zusammensetzung der Teilnehmer an z. B. einem Friedenszirkel „angemessen ungewöhnlich" (Andersen 1996) ist, also auch Freunde oder entfernte Verwandte mit anderen, eigenen Sichten dabei sind.

Durch die Einführung einfacher Regeln („Es geht nicht um die Suche nach Schuld und Strafe, um Defizite, sondern um Wiedergutmachung, um die Stärkung von Beziehungen, um Verständnis, um Zukunftspläne!" und „Jeder darf seine Meinung sagen und aussprechen!") legt die Koordination eine Zuhör- und Verhandlungskultur nahe, die u. U. eine moderne Innovation zur etablierten Familienkultur darstellt.

In Gemeinschaftskonferenzen, im Täter-Opfer-Ausgleich, in Unterstützerkreisen und Familienräten wird durch die Hinzuziehung relevanter Experten als Informanten das Alltagswissen der Betroffenen durch wissenschaftliches Fachwissen ergänzt. So entsteht eine Informationsgrundlage, die das kontextbezogene Insiderwissen der zahlreichen Anwesenden mit dem verallgemeinerten Fachwissen der Externen verbindet und die für die weiteren Planungen genutzt wird. So wird gesichert, dass die Planungen auf dem aktuellen Wissenstand laufen und moderne wissenschaftliche Erkenntnisse den Horizont der Betroffenen erweitern. Damit die

Fachleute nicht übergriffig werden und das Wissen der Betroffenen dominieren, sind sie beim eigentlichen Planen nicht anwesend. Das (staatlich bereitgestellte) Hilfesystem ist allerdings dann wieder gefragt, wenn es darum geht, die Eigenleistungen der Familie durch maßgeschneiderte professionelle Dienstleistungen zu flankieren bzw. dort einzuspringen, wo die Ressourcen der Familiengruppe nicht ausreichen. Das ist eine Herausforderung für professionelle Angebote, die eher als eigenständige Dienstleistungen konzipiert wurden und Eigenleistungen der Familiengruppe nur am Rande und nicht im Kernbereich vorsehen. Auch fehlen im Hilfesystem ausreichend „diffuse", unspezifische formlose Supportmöglichkeiten, die unterhalb der Schwelle einer ambulanten Hilfe liegen, aber wichtig für das Gelingen des Planes sind. Hier ist moderne Flexibilität im vollen Umfang notwendig, aber nicht immer realistisch, denn auch das Hilfesystem hat seine Traditionsgrenzen.

Schließlich geht es bei allen restaurativen Verfahren immer genauso um Gemeinschaftsbildung wie um die Lösung eines akuten Problems. Fragt man die Betroffenen im Nachhinein, so kommt man zu einem erstaunlichen Ergebnis: Das Treffen hat für sie eine große Bedeutung und zwar unabhängig von seinen Ergebnissen. Den Teilnehmenden war wichtig, dass es eine Einigung gab, auch wenn sie wissen, dass damit noch lange nicht alle Probleme gelöst sind. Während die Fachkräfte den Erfolg am Erreichen von Zielen messen, spüren die Familienangehörigen den Erfolg an Verständigung, Vertrauen und Solidarität, die entstanden sind. Das Gefühl, nicht allein zu sein, ist Betroffenen viel wert (vgl. v. Spiegel 2009, S. 193ff). Durch den „elementaren Sozialprozess" des gegenseitigen Gebens, Nehmens, Zurückgebens und Weitergebens kommen die Verbindungen zwischen Menschen zustande, in denen wir uns aufgehoben fühlen (Hondrich 2001, S. 168). Wenn man nicht fertig, eben nicht quitt miteinander wird, wie in modernen Dienstleistungsgeschäften, dann ist Hilfe, ganz unabhängig vom tatsächlichen Ergebnis, ein Prozess der Gemeinschaft erfahrbar macht und bestätigt.

4.5 Indigenisierte Soziale Arbeit

„They had what the world has lost." Collier (1947)

Eine interessante gleichläufige Entwicklungslinie zeigt sich im Diskurs um die sog. „indigenisierte Soziale Arbeit" (vgl. Gray et al. 2010; Straub 2012; Bar-On 2003). Die Indigenisierungsthese besagt, dass traditionale, indigene Gesellschaften über Problemlösungspraktiken verfügen bzw. verfügten, die sich dadurch von modernen

4.5 Indigenisierte Soziale Arbeit

wissenschaftsbasierten Problemlösungsverfahren unterscheiden, dass sie neben der Problemlösung auch zur Gemeinschaftsstärkung beitragen. Indigene Gesellschaften – wovon es etwa 7000 mit ca. 500 Mio. Menschen gibt – unterscheiden sich kulturell von der dominierenden Gesellschaft in Sprache, Gesellschaftsorganisation, Spiritualität, Werten, Produktionsweisen und Problemlösungspraktiken. Sie haben aber eine Erfahrung von Unterdrückung, Marginalisierung, Enteignung, Ausschluss und Diskriminierung (vgl. Daes 1996). Die Indigenisierungsthese ist aber auch eine *Kolonialisierungstheorie*, die den Verlust traditionaler Kultur durch das Eindringen Fremder konstatiert, deren Wissenschaft, Recht und Markt neue Normen durchsetzten. Diese hätten die Gebräuchlichkeiten der traditionalen Kultur geschwächt und das traditionale gemeinschaftsstärkende Helfen randständig gemacht. Als *Kolonialisierungs-Amnesie* wird schließlich der Zustand bezeichnet, in dem sich die Kolonisierten den vorkolonialen (bzw. vormodernen) Zustand mit seinen Potentialen *nicht mehr* vorstellen können. Wissen und Werte der modernen Wissenschaft und Wirtschaft sind es, die die Vorstellungskraft dominieren. Das alte Wissen ist so unzugänglich geworden, dass systematische Anstrengungen nötig werden, um traditionale, lokale und partikulare Hilfpraktiken wieder zu entdecken und zu „restaurieren". Diesen Prozess nennt man *Indigenisierung*: die Suche und die Wiederverwendung alter Hilfpraktiken im Kontext eines modernen Hilfesystems, um dadurch *inklusive* Effekte zu erhalten, die die modernen Techniken nicht bieten.

Modernes Helfen	Indigenes Helfen
Professionalität, Markt und Verwaltung	Betroffenheit und Gegenseitigkeit
Objektives Wissen	Lokales Wissen
Person im Mittelpunkt	Gruppe im Mittelpunkt
Fortschritt und Zukunft	Stabilität und Vergangenheit

Abb. 4 Vergleich des organisierten westlichen Helfens mit dem indigenen Helfen

Als Beispiel könnte man Ghanesische Hilfenormen heranziehen, die im Rahmen einer Masterarbeit untersucht wurden (Janssen 2012, S. 16ff). Traditionelles Helfen beruht dort auf den folgenden drei Prinzipien:

1. Hilfe ist Ehrensache: Verweigert man einem Verwandten Hilfe, obwohl man dazu in der Lage gewesen wäre, so fällt man in Unehre. Aufwändige und kostspielige Bußhandlungen werden nötig.
2. Hilfe ist Gegenseitigkeit: „Deine Eltern haben für dich gesorgt, als du Zähne bekamst und du sorgst für sie, wenn sie ihre Zähne verlieren."

Dazu ein kurzer Exkurs in einen Klassiker: Marcel Mauss erklärt in seinem „Essai sur le don" (1925, Die Gabe), dass das Helfen in archaischen Gesellschaften immer auf Gegenseitigkeit beruhen musste. Aber diese Gegenseitigkeit durfte nie die pure Form eines Geschäfts haben, wie „Ich gebe dir Geld und du gibst mir Hilfe", sondern man gibt erst einmal, als solle niemals vergolten werden. Denn das Geben verleiht dem Geber Prestige. Im Potlatch der Indianerstämme Nordamerikas beschenken z. B. diejenigen, die sich um Rang und Prestige bewerben, ihre Mitbewerber solange, bis sie nichts mehr geben können. Das verteilt den Reichtum gleichmäßig und schafft eine gesellschaftliche Dynamik: Die Beschenkten, die nichts mehr zurückgeben können, ordnen sich unter. Sie revanchieren sich mit Anerkennung und Dankbarkeit. Mauss behauptet: Hilfe ist nicht einfach eine technische Problemlösung, sondern das Helfen verleiht dem Helfer eine fast magische Kraft über den Hilfeempfänger – solange bis dieser durch seine Gegengabe den ursprünglichen Helfer wiederum verpflichtet. Das englische Wort „gift" scheint so ziemlich das Gegenteil von dem deutschen Wort „Gift" zu bedeuten, aber es kommt eben doch von diesem deutschen Wort „Gift", was noch an „Mitgift" erkennbar ist. In der Zusammenschau der beiden Sprachen wird die Zweischneidigkeit wieder erkennbar: Gaben oder Hilfen zu empfangen, ist also auch „Gift". Wohltaten sind auch Gefahren. Denn Geben heißt Überlegenheit beweisen, zeigen, dass man mehr ist, dass man höher steht. Annehmen ohne zu erwidern, bedeutet, tiefer zu sinken. So wetteifern wir auch heute noch mit Geschenken. Dieses Wetteifern von Gabe und Gegengabe sorgt dafür, dass man Hilfe – ohne Schaden zu nehmen – ertragen kann und dass das Helfen mobilisierende Effekte hat. Im professionellen Helfen gibt es allerdings keine Reziprozität in diesem Sinne mehr.

3. Hilfe ist Familien- und Gruppensolidarität: Durch gemeinsame Anstrengungen nährt man das Ansehen der eigenen Gruppe. Das bringt auch den Helfern Sicherheit und respektiert die Autorität der Älteren.

Der Respekt vor dem Einzelnen darf dabei nicht den Respekt vor der Gruppe übersteigen. Der Stamm kann Widerspruch gegen eine Adoption einlegen, wenn ein Kind von nicht-indigenen Eltern adoptiert werden soll, selbst wenn diese von der Kindesmutter ausgesucht wurden. Verantwortung wird nicht primär als Selbstverantwortung gesehen, sondern als Verantwortung für die Gemeinschaft. Es herrscht die Überzeugung, dass es dem Einzelnen nur gut gehen kann, wenn es der Community gut geht. Deswegen ist die Sorge um andere das Herzstück in der indigenen Kultur.

4.5 Indigenisierte Soziale Arbeit

An diesen drei Prinzipien, die in abgeschwächter Form auch in westlichen Verwandtschaften und Nachbarschaften vorkommen, sieht man eindeutig die Differenz zum professionellen Helfen. Dort spielt keine dieser Hilfenormen eine Rolle.

Indigenisierung Sozialer Arbeit meint, traditionale Hilfeformen in die akademische Sozialarbeit zu integrieren, so, wie die Schulmedizin alternative Heilmethoden aufgreift. Dazu müssten Interventionen und Projekte für die jeweiligen lokal gegebenen Lebenswelten passend gemacht werden und man müsse vorsichtig im Umgang mit universal gültigem Wissen sein, das auch immer die Tendenz zur Hegemonie habe (vgl. Osei-Hwedie und Jaques 2007).

Dazu ein Beispiel, das in der englischen Literatur mit dem Begriff „Circle of Courage" bekannt geworden ist. Brendtro, van Bockern und Brokenleg (2002) versuchen in einem Erziehungshandbuch das Erbe der „Native American philosophies of child rearing" (S. 2) zu dokumentieren und für die moderne Jugendarbeit nutzbar zu machen, indem sie den Ansatz von „reclaiming youth at risk" entwickeln. Indigene amerikanische Philosophien der Kindererziehung stammen aus einem Kontext, in dem es für den Stamm überlebenswichtig war, selbstbewusste und loyale Kinder zu haben (ebd., S. 44). Kindererziehung war damit eine Kernaufgabe dieser Kulturen, die ein interessantes „System positiver Disziplin" (ebd.) entwickelten, in dem die Dimensionen „Belonging" (Zugehörigkeit), „Mastery" (Meisterschaft), „Independence" (Unabhängigkeit) und „Generosity" (Großzügigkeit) in einem Gleichgewicht stehen, symbolisiert durch das indianische „medicin wheel" (ebd., S.132).

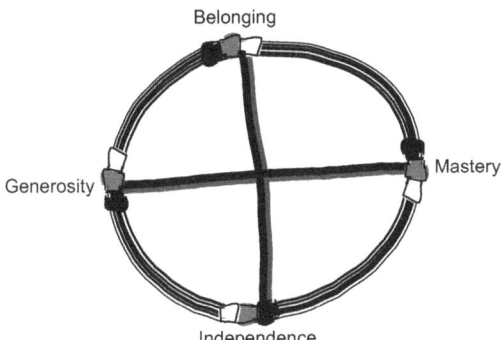

Abb. 5 Circle of Courage, symbolisiert durch das indianische „medicin wheel" nach Brendtro, van Bockern und Brokenleg (2002)

- „Belonging" (Zugehörigkeit): Kindererziehung war in den Stämmen der Sioux eine Gemeinschaftsaufgabe. Verwandtschaft war keine strikt biologische Beziehung, sondern eher eine gelernte Gewohnheit, zu denen zu gehören, mit denen man ein gemeinsames Gebiet bewohnte. Verwandtschaft entstand durch Relevanz und ihr ultimatives Zeichen war Handeln: Man gehörte dazu, wenn man handelte, als wenn man dazugehörte (vgl. ebd., S. 46).
- „Mastery" (Meisterschaft) meint intellektuelle, körperliche, soziale und spirituelle Kompetenzen, die durch regelmäßig wiederholte Rituale, Zeremonien und Erzählungen der jüngeren Generation vermittelt wurden, genauso wie durch das Spielen, das allerdings nicht – wie das moderne Spielen – losgelöst von der Erwachsenenwelt stattfand, sondern auch immer mit gewissen Funktionen und Verantwortlichkeiten verbunden war (vgl. ebd., S. 50).
- „Independence" (Unabhängigkeit): Anstelle von Belohnungen und Bestrafungen waren Ehre, Erwartungen und Erfolg das gebräuchlichste Erziehungsmittel. Kinder wurden nicht durch Verstärkungen zu einem bestimmten Verhalten gelockt, der Erfolg musste Belohnung genug sein. Wesentlich war es, den Älteren und dem Stamm zu Ehre zu gereichen. Ein Siouxvater sagte nicht zu seinem Sohn: „Bitte tu das!", sondern „Sohn, eines Tages, wenn du ein Mann bist, wirst du das tun!" (ebd., S. 55). Nicht der Gehorsam, sondern die Bestimmung des eigenen Schicksals in Abgleich mit dem, was die Gemeinschaft als ehrenvoll ansah, war das Prinzip eines aus westlicher Sicht eher permissiv wirkenden Erziehungsstils.
- „Generosity" (Großzügigkeit): Lange bevor ein Junge alt genug war, auf die Jagd zu gehen, sehnte er sich nach dem Tag, an dem er mit seinem ersten selbst erlegten Wild heimkommen und es verschenken würde. Wenn eine Mutter Essen mit Stammesangehörigen in Not teilte, ließ sie stets auch ihre Kinder die Gaben verteilen, um sie die Befriedigung, die im Geben liegt, spüren zu lassen (vgl. ebd. S. 57). Im Potlatch führte die Großzügigkeit zu Ansehen und Einfluss, nicht die Sparsamkeit.[27]

---

[27] Eine interessante Parallele findet man in „Street Corner Society". William Whyte (1996) versuchte 1937 in seiner stadtethnologischen Untersuchung des Bostoner North End die Werte der Street-Corner-Kultur zu beschreiben und den Werten der Mittelschicht gegenüber zu stellen. Dort zählt Alltagssolidarität im Gegensatz zum Individualismus der Mittelschicht, Gruppenloyalität anstelle des Mittelschichtsideals des sozialen Aufstiegs und eine Ökonomie des großzügigen Ausgebens von Geld für Freunde als Kontrast zur Ökonomie des Sparens und Investierens in gehobenen Milieus. Die Lebensführung der Street Corner Society wirkt durch das Prisma des Mittelschichtsblicks wie gefährliche Devianz. Gleichwohl leiste sie einen hohen Beitrag zur gesellschaftlichen Stabilität in

Brendtro und Brokenleg erzählen, wie durch die Besiedelung zum Teil sogar systematisch indigene Erziehungsspraktiken und -werte zerstört oder durch westliche ersetzt wurden. Man hätte auch die indigene Entwicklungspsychologie erforschen und in den modernen Wissenschaftskorpus integrieren können, aber die Missionare und Erzieher wollten die jungen Wilden zivilisieren. Die indianischen Kinder wurden nicht selten dem Einfluss ihres Stammes entzogen und mit militärischen Drill ausgebildet. „Kill the Indian to save the child", war einer der pädagogischen Leitsätze. Der „Circle of Courage" ist ein wertbasierter Ansatz indigenisierter Pädagogik. Traditionale Erziehungspraktiken werden erforscht, um sie in modernen Kontexten zu verwenden. „Reclaiming Youth at Risk" versucht in der Jugendarbeit in benachteiligten Wohngebieten und in der Heimerziehung Jugendlichen „a sense of belonging, mastery independance and generosity" zu geben, „to mend the broken circle of courage" (ebd. S. 60).

4.6 Nils Christies Schlussfolgerung

Christie meint, ein moderner Sozialstaat würde zwar ohne Experten nicht funktionieren, aber die Frage sei, ob diese Experten notwendigerweise ihr Klientel zu Laien machen müssen oder ob es eine Professionalität gibt, die hilft, *ohne* die Hauptrolle im Hilfeprozess zu spielen. Es könnte sein, dass Verfahren erfunden werden müssen, die geradezu verhindern, dass Experten zu schnell, zu eindeutig oder zu autonom intervenieren. Solche Verfahren würden wie Türwächter funktionieren und aufpassen, dass Fachkräfte und Organisationen zwar Zutritt bekommen, aber erst dann, wenn alle anderen potenziell Betroffenen schon da sind. Natürlich gäbe es zahlreiche Einwände gegen ein solches Hilfesystem: Es gibt kaum Nachbarschaftsbekanntschaften; wir sind individualisiert und haben keine Gemeinschaften mehr; die Ergebnisse wären ungerecht; die Schwachen würden nicht geschützt; Leistungsrechte würden ausgehebelt; Experten würden ihre Claims nicht freiwillig aufgeben, weil sie eigene Interessen haben; die Gesetze stehen nicht im Einklang mit dieser Philosophie, und, und, und. Aber es könnte sein, dass die wissenschaftliche, administrativ und marktmäßig organisierte Dienstleistungsindustrie eine ähnliche Bedrohung für das soziale Leben ist, wie die Großtechnologie für die Natur, denn auch das moderne Helfen sei nur „kulturell geborgt" und dürfe seine eigenen Grundlagen, nämlich die Gemeinschaft, nicht zerstören.

Cornerville. Sozialarbeit, die keinen Zugang dazu findet, übersehe ihre wertvollsten Anschlusspunkte (vgl. Früchtel et al. 2013, S. 107ff).

What we call the beginning is often the end
And to make an end is to make a beginning.
The end is where we start from. And every phrase
And sentence that is right (where every word is at home,
Taking its place to support the others,
The word neither diffident nor ostentatious,
An easy commerce of the old and the new,
The common word exact without vulgarity,
The formal word precise but not pedantic,
The complete consort dancing together)
Every phrase and every sentence is an end and a beginning,
Every poem an epitaph. And any action
Is a step to the block, to the fire, down the sea's throat
Or to an illegible stone: and that is where we start.
We die with the dying:
See, they depart, and we go with them.
We are born with the dead:
See, they return, and bring us with them.
The moment of the rose and the moment of the yew-tree
Are of equal duration. A people without history
Is not redeemed from time, for history is a pattern
Of timeless moments.

(aus T.S. Eliot: Little Gidding)

Täter-Opfer-Ausgleich – die etablierte Form von Restorative Justice 5

Der Täter-Opfer-Ausgleich wird hier als eine Form der praktizierten Restorative Justice vorgestellt. Auf den ersten Blick entspricht er vielleicht am wenigsten dem Restorative-Justice-Ansatz. Im Täter-Opfer-Ausgleich gibt es neben dem „Vermittler" (Fachperson, die das Verfahren durchführt) lediglich Opfer und Täter, die miteinander in Kontakt treten. Die Gemeinschaft, die für Restorative Justice eine wichtige Rolle spielt, bekommt keine oder kaum Möglichkeit, sich einzubringen. Dennoch gibt es im Täter-Opfer-Ausgleich Elemente von Restorative Justice.

Die Einführung des Täter-Opfer-Ausgleichs begann Ende der 1970er Jahre in den USA, unter der Bezeichnung „victim offender mediation" (vgl. Umbreit 2001, S. xxxii). 1990 wurde eine Täter-Opfer-Ausgleich-Regelung im deutschen Jugendstrafrecht (§ 10 Nr. 7 JGG) als mögliche Auflage gemäß § 23; § 45 II S. 2; § 47 I Nr. 2 JGG eingeführt. Weil sich der Einsatz dieses Verfahrens bewährte, wurde es 1994 ins Strafrecht aufgenommen und im Jahr 2000 durch prozessuale Regelungen in der Strafprozessordnung ergänzt (§ 153a StPO I Nr.1 und 5 (in Verbindung mit § 46a StGB); § 153 StPO (vgl. § 46a StGB); § 155a StPO). Der Täter-Opfer-Ausgleich ist also heute im Jugendgerichtsgesetz, im Strafgesetzbuch und in der der Strafprozessordnung festgeschrieben. Paragraph 46a StGB wurde explizit „Täter-Opfer-Ausgleich, Schadenswiedergutmachung" genannt und beinhaltet folgenden Satz: „Hat der Täter in dem Bemühen, einen Ausgleich mit dem Verletzten zu erreichen […], seine Tat ganz oder zum überwiegenden Teil wiedergutgemacht oder deren Wiedergutmachung ernsthaft erstrebt […], so kann das Gericht die Strafe […] mildern oder […] von Strafe absehen" (Stascheit 2012, S. 1750). Die Verankerung im Strafgesetzbuch unter den Grundsätzen der *Strafzumessung* könnte eine weniger *restaurative* (Wiedergutmachung und Heilung) als *retributive* (Vergeltung und Abschreckung) Assoziation hervorrufen, dennoch ist der Täter-Opfer-Ausgleich mit seinem bedürfnisorientierten Ansatz ein restauratives Verfahren, das aber im retributiven Kontext eingesetzt wird und diesem mithin unterstellt ist: „das Gericht *kann*", muss aber nicht. So kann man beim Täter-Opfer-Ausgleich vom Beginn der

Restorative Justice im gesetzlichen Kontext sprechen (vgl. Dölling 1998, S. 27). Die Begrifflichkeiten, die Aufmerksamkeitsrichtung und das Vorgehen orientieren sich an den Gepflogenheiten und Notwendigkeiten des Strafprozesses. Die sozialen, restaurativen Elemente des Täter-Opfer-Ausgleichs erhalten dadurch zwar Zugang zum Strafprozess, werden aber bis in die Sprache hinein von ihm auch überformt.

Der Täter-Opfer-Ausgleich ist als außergerichtliche Lösungsfindung gedacht, die für den Täter eine Alternative zur Bestrafung sein *kann*. Er ist eine für das Strafrecht modifizierte Mediation, die versucht, Konflikte mit Hilfe einer dritten, unbeteiligten Person (Vermittler/ Mediator/ Koordinator[28]) zu bearbeiten. Es wird freiwillige Teilnahme vorausgesetzt und eine aktive, freiwillige Mitwirkung angenommen (vgl. Dölling 1998, S. 12ff.). Während bei klassischen Mediationsverfahren in Sorgerechts-, Beziehungs-, Trennungs- oder Nachbarschaftskonflikten jede Partei denselben Status in der Auseinandersetzung hat, wird beim Täter-Opfer-Ausgleich von ungleichen Positionen ausgegangen. Gesetzt ist, eine Seite hat Unrecht getan und die andere Partei hat deswegen berechtigte Ansprüche an sie. Die Schuldfrage ist vorher geklärt. Allgemeine Mediationsverfahren zielen auf *Einigung* und *Problembearbeitung*, der Täter-Opfer-Ausgleich konzentriert sich auf *Verantwortungsübernahme* und *Kompensation* von materiellen und emotionalen Schäden. Weil die Tat schon geschehen ist, kann das Problem nicht rückwirkend gelöst werden, daher wird versucht, einen Ausgleich für die Zukunft zu finden. Der Dialog darüber wird allerdings als Heilungsprozess (vgl. Kapitel „Restorative Justice, Verletzung und Heilung") des Opfers und als Rehabilitationsprozess des Täters aufgefasst. Zwar steht am Ende des Täter-Opfer-Ausgleich ein Vertrag, die eigentliche Wirkung entsteht aber im Dialog seines Entstehens und in den späteren Wiedergutmachungshandlungen (vgl. Umbreit 2001, S. xl). Deswegen wird der Täter-Opfer-Ausgleich meist als Instrument des immateriellen Ausgleichs der Folgen einer Straftat gesehen. Materielle Rückzahlungen stehen nicht im Vordergrund, können aber mitverhandelt werden. In erster Linie vermag diese Mediation „das Opfer zu emanzipieren und [sie] böte die Chance, den durch die Straftat entstandenen Konflikt zwischen Täter und Opfer umfassend zu bereinigen" (Bals et al. 2005, S. 3). So ist für Geschädigte oftmals genau diese „Emanzipation" die Motivation, an der Art von Treffen teilzunehmen. Die meisten der Opfer haben ein großes Bedürfnis sich mitzuteilen, um damit das Erlebte emotional verarbeiten zu können. Sie wollen verstehen und dem Täter ihre Geschichte erzählen können. Von der Teilnahme an einem Täter-Opfer-Ausgleich erhoffen sie sich, Ängste zu verarbeiten, ihrem Ärger Luft zu machen und Anerkennung ihrer Belastungen zu erhalten. Wenn die Tat das persönliche Sicherheitsgefühl untergraben hat, bietet der Täter-Opfer-Ausgleich

---

28 Im Folgenden wird die Bezeichnung Vermittler für diese Person verwendet.

5 Täter-Opfer-Ausgleich 67

Opfern die Chance, Vertrauen und Sicherheit zurückzugewinnen und wieder einen gelasseneren Blick auf die Umwelt zu entwickeln. Ein nicht unerheblicher Vorteil für Geschädigte ist, dass sie vom Beginn bis zum Ende dabei sein können und alles, was die beschuldigte Person aussagt, erfahren. Im herkömmlichen Gerichtsverfahren werden Geschädigte meist als Zeugen geführt und zu Beginn der Verhandlung durch den Richter auf ihre Wahrheitspflicht bzw. die Folgen einer Falschaussage hingewiesen, daraufhin müssen sie den Gerichtssaal aber wieder verlassen und werden erst wieder für ihre Zeugenaussage in den Gerichtssaal gelassen. Erst *nach* ihrer Aussage *dürfen* sie dem *restlichen* Verfahren beiwohnen. Die Aussage des Täters, die zu Beginn der Hauptverhandlung stattfindet, kann also nicht gehört werden. Damit soll eine Beeinflussung der Zeugenaussage vermieden werden (Justizministerium NRW 2014; Landgericht Leipzig o. J.). Einzig als Nebenkläger besteht die Möglichkeit nach § 396 StPO, bei der gesamten Hauptverhandlung anwesend zu sein, „auch wenn er als Zeuge vernommen werden soll" (Stascheit 2012, S. 2158).

Täter veranlassen häufig pragmatische Gründe zur Teilnahme an einem Täter-Opfer-Ausgleich. Sie erhoffen sich eine Milderung der Strafe oder im besten Fall eine Einstellung des Verfahrens. Durch die Teilnahme wird eine Besserstellung im Strafverfahren angestrebt. Aber es gibt auch andere Motive. Manche Täter wollen erfahren, welche Auswirkung ihre Tat auf das Opfer hatte. Nicht selten haben Täter auch ein schlechtes Gewissen. Sie werden von Schuldgefühlen geplagt, schämen sich und bedauern die Tat, die sie am liebsten ungeschehen machen möchten. Diesen moralischen Wunsch, mit sich ins Reine zu kommen, bedient der Täter-Opfer-Ausgleich, indem er eine Gelegenheit zur Wiedergutmachung verspricht.

In jedem Falle bekommen Täter die Chance, ihr Verhalten und das komplette Geschehen zu reflektieren und zu verstehen, wie eines zum anderen gekommen ist. Dies steigert die eigene Kontroll- und Handlungskompetenz, gerade dann, wenn sich jemand dafür entscheidet, für das, was geschehen ist, Verantwortung zu übernehmen – egal ob dies aus moralischen oder opportunistischen Gründen geschieht. Und Täter erfahren, *wie* Wiedergutmachung möglich wäre (vgl. Dölling 1998, S. 25ff.; Umbreit 2001, S. xvi f), gewinnen also neue Handlungsoptionen hinzu.

Wenn sich Opfer und Täter *für* einen Täter-Opfer-Ausgleich aussprechen, entstehen beiderseits Erwartungen an das Verfahren und Vorstellungen, wie es ablaufen könnte:

Opfer, die sich *für* einen Täter-Opfer-Ausgleich aussprechen, möchten
- möglicherweise erstmalig dem Täter gegenübertreten und in dessen Gesicht sehen
- sagen, welche gravierenden Folgen die Tat für ihr Leben hat

- ▶ dem Täter Fragen stellen und wollen unmittelbare Antworten bekommen, die ihnen helfen zu verstehen, warum dies geschehen ist, warum es sie getroffen hat
- ▶ ihre Probleme bearbeiten und evtl. lösen
- ▶ sehen, wie der Täter sich erklärt, wie er seine Schuld ihnen gegenüber eingesteht
- ▶ Einfluss darauf nehmen, wie es mit dem Täter weitergehen soll.

Täter, die sich *für* einen Täter-Opfer-Ausgleich aussprechen, möchten
- ▶ die Hintergründe ihrer Tat erklären
- ▶ selbstinkriminierende Gedanken und Gefühle preisgeben, ohne dass dies negative Auswirkungen auf ihr Urteil hat
- ▶ Fragen beantworten und sich erklären
- ▶ Fragen an das Opfer stellen
- ▶ die unangenehme Situation besser machen
- ▶ ihr Gewissen entlasten
- ▶ Einfluss auf ihre Strafe nehmen und etwas dafür tun, dass sie milde ausfällt
- ▶ Einfluss auf die Art der Entschädigung und Wiedergutmachung nehmen
- ▶ Anerkennung durch ihr Tun erhalten. (vgl. Greenwood 2001, S. 42)

Diese Auflistung ist wohl nur ein Teil der Erwartungen, die Betroffene hegen können. Darüber hinaus wird auch Unbehagen oder Unsicherheit im Vorfeld eines Zusammentreffens vorhanden sein. Möglicherweise bauen sich auch realitätsferne Erwartungen auf. Um dies zu vermeiden, sollte vor dem Zusammentreffen beiden Seiten in Vorgesprächen Erwartungen und Befürchtungen Raum gegeben werden. Diese Gespräche dienen allen Parteien als Information und Orientierung. Hier können Gegebenheiten geklärt und das Zusammentreffen vorbereitet werden. Die Vorgespräche finden getrennt statt. Erst danach treffen Opfer und Täter im Ausgleichsgespräch zusammen. In der letzten Phase wird das Ergebnis ausgehandelt und als schriftliche Vereinbarung ausgearbeitet. Wenn es zu keiner Vereinbarung kommt, wird der Täter-Opfer-Ausgleich abgebrochen und das Strafverfahren wieder aufgenommen. Nachfolgend werden die einzelnen Phasen genauer erläutert.

5.1 Ablauf des Täter-Opfer-Ausgleichs

Im angetrunkenem Zustand soll der 19-jährige Peter mit seinem Butterfly-Messer Mathias am Bein verletzt haben. Als Peter mit seiner Freundin und einem Freund an einem Kneipenabend – durch den alle drei schon alkoholisiert waren – durch die Straßen bummelte, wurden sie von Mathias angesprochen, der allen

5.1 Ablauf des Täter-Opfer-Ausgleichs

drei Jugendlichen unbekannt war. Peter fühlte sich provoziert, zog sein Messer aus der Tasche und ging auf Mathias los. Peters Freund versuchte vergeblich, ihn zurückzuhalten. Durch das Handgemenge fiel Peter und verletzte dadurch Mathias am Unterschenkel. Es folgte eine verbale Auseinandersetzung, bevor die drei Jugendlichen den Ort verließen. Kurze Zeit später wurden sie von der Polizei aufgegriffen, die von einer unbeteiligten Person informiert worden war, und zur Vernehmung mitgenommen[29].

Initiative

Damit ein Täter-Opfer-Ausgleich stattfinden kann, muss er vorgeschlagen werden. Dies geschieht meist durch die Staatsanwaltschaft. Nach Anzeige einer Straftat prüft der zuständige Staatsanwalt oder Richter, ob ein Täter-Opfer-Ausgleich in Frage kommt. Ist die Staatsanwaltschaft von der Zweckmäßigkeit eines Täter-Opfer-Ausgleichs überzeugt, beauftragt sie den Sozialen Dienst der Justiz, die Möglichkeiten eines Ausgleichs zu klären und ihn gegebenenfalls durchzuführen[30].

In unserem Fallbeispiel bekommt der Waage-Verein zur Förderung des Täter-Opfer-Ausgleichs e. V. den Fall von der Staatsanwaltschaft zugewiesen und soll nun mit Peter (Beschuldigter) und Mathias (Geschädigter) eine Schlichtung des Konflikts und eine angemessene Schadenswiedergutmachung anstreben. Sollte dies gelingen, wird gemäß § 45 II JGG eine Einstellung des Verfahrens anvisiert.

Kontaktaufnahme

Zuerst werden die Parteien über die grundlegenden Ziele dieses Verfahrens informiert. Das kann per Brief, aber auch am Telefon geschehen. Die Information sollte in einer klaren und einfachen Sprache erfolgen, um die Komplexitätssteigerung erst einmal in Grenzen zu halten. Diese erste Information sollte auch die explizite Einladung zum Täter-Opfer-Ausgleich enthalten und auf einen Ansprechpartner für Fragen hinweisen. Ungünstig ist es, die Parteien am Telefon zu einer Entscheidung bezüglich ihrer Mitwirkung zu drängen. In solchen Fällen fühlen sich Betroffene unter Druck gesetzt und neigen dazu, das Angebot abzulehnen oder nur pro forma anzunehmen. Günstig ist, in diesem ersten Gespräch eine gute Balance zwischen Vertrauensaufbau und Informationsvergabe herzustellen (vgl. Greenwood 2001,

---

29 Der Fall ist entnommen aus https://www.justiz.nrw.de/BS/opferschutz, wurde aber gekürzt.
30 Beschuldigte und Geschädigte können sich auch selbst an den Sozialen Dienst der Justiz oder eine andere sich mit TOA befassende Schlichtungsstelle wenden.

S. 37f). Vom Täter verlangt ein Täter-Opfer-Ausgleich aus der passiven Rolle als Mandant eines Anwalts zu einem aktiv Handelnden zu werden, der selbst zu Wort kommen soll (vgl. Dölling 1998, S. 27f; vgl. Umbreit 2001, S. xxxix).

Die Vermittlerin kontaktiert zunächst Peter und läd ihn zu einem Gespräch ein. Nachdem dies geschehen ist und das Vorgespräch geführt wurde, nimmt sie auch Kontakt zu Mathias auf und trifft sich mit ihm für das erste Gespräch.

Vorgespräche

Das Vorgespräch wird vom Vermittler durchgeführt und findet jeweils getrennt mit Opfer bzw. Täter statt. Erwartungen werden erfragt und die Beteiligten können dem Vermittler ihre Wünsche und Befürchtungen offenbaren. In dieser Phase gilt herauszuarbeiten, ob beide Seiten tatsächlich einverstanden sind, den Täter-Opfer-Ausgleich durchzuführen und welche Kernpunkte sie besprechen möchten. In einem guten Vorgespräch können die Weichen für einen erfolgreichen Täter-Opfer-Ausgleich gestellt werden. Dazu gehört auch, dass der Vermittler prüfen muss, ob und inwiefern mit konkreten und ideellen Wiedergutmachungsleistungen des Täters zu rechnen ist (vgl. Dölling 1998, S. 28, 77; vgl. Tatausgleich und Konsens e. V. 2013). Es kann sinnvoll sein, zuerst mit dem Täter zu sprechen, um dessen Bereitschaft zur Teilnahme zu prüfen und zu klären, wie weit sein Engagement zur Wiedergutmachung geht. Mit diesem Vorwissen können manche Enttäuschungen des Opfers vermieden werden (z. B. das Nicht-Zustande-Kommen des Täter-Opfer-Ausgleich, zu hohe oder unpassende Erwartungen). Wenn die Täter sehr jung sind, tritt der Vermittler auch mit den Eltern in Kontakt. Während des Treffens wird den Teilnehmenden der Ablauf des Ausgleichsgespräch erklärt, offene Fragen werden besprochen und die freiwillige Teilnahme betont. Weiterhin weist der Vermittler darauf hin, dass eine Unterstützungsperson mitkommen kann, diese jedoch keinen aktiven Part während des Ausgleichs einnehmen wird. Der Vermittler hat gegenüber beiden Parteien eine neutrale Position und eine moderierende Funktion, d. h. allein Täter und Opfer werden über das Ergebnis des Ausgleichs entscheiden. Den Beteiligten wird Vertraulichkeit zu den Inhalten des Vorgesprächs zugesichert (vgl. Greenwood 2001, S. 38-46).

Im Vorgespräch schildert Peter der Vermittlerin das Geschehen aus seiner Sicht und gibt an – neben dem Alkohol – wegen einer Erkältung Medikamente zu sich genommen zu haben. Im Nachhinein könne er sich sein aggressives Verhalten nicht erklären. Er selbst wurde auch einmal mit einem Messer angegriffen und kenne die Angst in solch einer Situation. Das Messer habe er seit diesem Ereignis zur eigenen Sicherheit mit dabei. Gleichzeitig wisse er, dass all

5.1 Ablauf des Täter-Opfer-Ausgleichs

das sein Verhalten nicht entschuldige. Er bedauere das Geschehene, möchte sich bei Peter entschuldigen und sei auch zu einer monetären Schadens- und Schmerzensgeldzahlung bereit.
Auch Mathias schildert in seinem Vorgespräch den Tathergang und beteuert, niemanden provoziert haben zu wollen, als er die drei Jugendlichen ansprach. Nach der Aussage bei der Polizei habe er sich per Taxi zum Krankenhaus fahren und sein Bein verarzten lassen. Auch erwähnt er beim Vorgespräch die Folgen der Tat: Er musste eine Woche lang den Verband täglich vom Arzt wechseln lassen und er habe seit der Tat Angst, abends seine Wohnung zu verlassen. Weiterhin mache er sich Gedanken darüber, wie sehr er durch das Ansprechen der drei Mitschuld am Geschehen trägt. Als Wiedergutmachungsleistung stelle er sich eine Zahlung von 250€ vor, als Schmerzensgeld und Kompensation für Hose und Taxifahrt.

Das Ausgleichsgespräch

Oft bedeutet das Ausgleichsgespräch, dass sich Opfer und Täter das erste Mal nach der Tat wieder gegenüberstehen. Manchmal haben sich beide Seiten zuvor noch nie gesehen, bspw. wenn ein Einbruch während der Abwesenheit des Geschädigten passierte. Deshalb ist wichtig, dass sich beide Seiten am Ort des Treffens wohl fühlen. Der Ort soll neutral sein und Sicherheit vermitteln. Nach der Begrüßung durch den Vermittler und der Einführung in den Grund der Zusammenkunft, also einer kurzen Erläuterung über den Konfliktinhalt, erhält jede Person die Möglichkeit, ihre Sichtweisen und ihr Erleben auszuführen, ohne dass sie unterbrochen wird oder sich rechtfertigen muss. Besonders das Opfer kann den Täter wissen lassen, was die Tat ausgelöst hat. Schließlich haben beide Seiten die Chance, Fragen zu stellen und Ergänzungen zu ihren Ausführungen vorzunehmen. Auch die Unterstützungspersonen können kurz ihre Standpunkte darlegen. Dieser Diskurs dient weniger dem Ergründen von Fakten oder tatsächlichen Umständen – in erster Linie soll er die Möglichkeit zum Äußern von persönlichen Gedanken und Gefühlen eröffnen (vgl. Greenwood 2001, S. 46-51; vgl. Umbreit 2001, S. xxxviii).

Ein Ausgleichsgespräch wird in den Räumen des Vereins „Waage" vereinbart. Zunächst schildern Peter und dann Mathias, was geschehen ist und die daraus resultierenden Folgen. Peter versichert Mathias, dass sein Ansprechen keine Provokation gewesen wäre und begründet die eigene Aggression mit den Medikamenten und dem Alkohol, sagt aber auch, das solle nichts entschuldigen. Weiterhin gesteht er ein, dass das Messer nicht bloß Sicherheit für ihn bedeutete, sondern auch eine Gefahr für andere. Er trage mittlerweile keines mehr bei sich. Mathias erzählt von seiner Angst, nachts alleine auszugehen.

Die Vereinbarung

Wenn Beweggründe, Standpunkte und Fragen hinreichend geklärt sind, werden unter besonderer Berücksichtigung des Opferinteresses die Möglichkeiten der ideellen und materiellen Wiedergutmachung diskutiert. Beide Seiten erörtern, wie der Schaden zu reparieren und der Konflikt zu lösen sein kann. Dabei gibt es keine vorgefertigten Lösungsformate, auch kein vorgegebenes Optimum. Wenn sich alle einig sind und eine für jede Seite akzeptable Möglichkeit gefunden ist, wird die für alle verbindliche Vereinbarung schriftlich festgehalten und am Ende von allen unterschrieben. Opfer erfahren Gerechtigkeit durch ihren direkten Einbezug. Durch ihre Mitarbeit an der Lösung des Konfliktes und an der Frage der Wiedergutmachung können sie maßgeblich Einfluss auf das Ergebnis nehmen. Die schriftlich festgehaltene Vereinbarung wird allen Beteiligten zugesandt, in gegebenem Fall auch den Eltern des Täters und dem Gericht. Sollten Folgetermine vereinbart werden, so ist es ratsam, die Vereinbarung bei diesen wiederholten Zusammenkommen stets dabei zu haben. Zur Vereinbarung gehört auch, dass deren Einlösung überprüft wird. Dafür wird eine Person bestimmt (vgl. Greenwood 2001, S. 48-57; vgl. Dölling 1998, S. 13, 30f; vgl. Tatausgleich und Konsens e. V. 2013). Ist der Täter-Opfer-Ausgleich beendet, wird dem Gericht bzw. der Staatsanwaltschaft das Ergebnis mitgeteilt. Diese entscheiden daraufhin, wie das Verfahren weiter verläuft, ob das Ergebnis eine Einstellung des Verfahrens zur Folge hat oder der Täter strafmildernde Umstände bekommt (vgl. Tatausgleich und Konsens e. V. 2013).

Im unserem Fallbeispiel entschuldigt sich Peter und sagt wie leid es ihm tue, was er Mathias zugefügt habe. Mathias nimmt die Entschuldigung an. Danach wird ein Vertrag geschlossen, in dem sich Peter zur Zahlung von 250 Euro in fünf Monatsraten verpflichtet. Er wird das Geld jeweils am Ersten auf das Waage-Konto überweisen. Von dort wird es an Mathias weitergereicht werden. Dies wird schriftlich festgehalten und von beiden unterschrieben. Die Vermittlerin schreibt nach Abschluss des Täter-Opfer-Ausgleich einen Bericht für die Staatsanwaltschaft, die nach kurzer Zeit die Einstellung des Verfahren nach §45 II JGG bekannt gibt. (Justizministerium NRW 2014)

5.2 Die Rolle des Vermittlers

Dem Vermittler kommt bei dem Mediationsprozess eine wichtige Rolle zu, denn er ist dafür verantwortlich, dem Prozess eine Struktur zu geben und allen Beteiligten genügend Raum einzuräumen. Wichtige Kompetenzen, die er dafür braucht, sind

Allparteilichkeit, Einfühlungsvermögen, diplomatisches Geschick und Fairness (vgl. Dölling 1998, S. 29f). Inhaltlich bringt er sich nicht ein. Lediglich die Betroffenen selbst sollen ihre Standpunkte klären. Genau hier liegt die Gratwanderung, da der Vermittler ausschließlich den Rahmen schafft und den Ablauf koordiniert. Täter und Opfer sind und bleiben die ganze Zeit Hauptakteure. Trotz möglichem innerlichen Gerechtigkeitsempfinden darf der Vermittler seine persönlichen Ansichten oder Einstellungen nicht einbringen und klammert seine eigenen normativen Überzeugungen aus. Der Vermittler stellt keine „Warum"-Fragen und verlangt keine Erklärungen, sondern arbeitet durch seine Fragen die Bedürfnisse, Interessen und Wünsche der Beteiligten heraus. Einerseits wird die Opferseite nach ihrer Vorstellung der Wiedergutmachungsleistung befragt. Andererseits wird geschaut, welche Möglichkeiten die beschuldigte Person hat, was diese leisten kann und möchte (vgl. Ausgleich e. V. 2014). Es sind strukturgebende Fragen, die den Beteiligten helfen sollen, ihre eigene Lösung zu erstellen und gemeinsam eine passende zu finden.

5.3 Das Potential des Täter-Opfer-Ausgleichs

Der Täter-Opfer-Ausgleich ist ein Mittel, dass sich intensiv mit einem strafrechtlich relevanten Normbruch auseinandersetzt und gewissenhaft vorgeht, um diesen aufzuarbeiten. Beiden Seiten wird die Möglichkeit offeriert, offen zu sprechen und die eigenen Gedanken und Gefühle nicht nur zu benennen, sondern für die anderen auch verstehbar zu machen. Dies passiert in einem geschützten Raum ohne zielgerichtete Fragen oder Vorgaben von außen. Die Beteiligten stehen im Vordergrund und kommen zusammen, um ihren Teil der Geschichte zu erzählen und um Verständnis dafür zu werben. Dieser fruchtbare soziale Prozess ist nur freiwillig möglich. Auch wenn der Täter-Opfer-Ausgleich für den Täter eine gerichtliche Auflage ist, kann er sich dagegen und für ein konventionelles Strafverfahren entscheiden. Beim Täter-Opfer-Ausgleich geht es nicht um die Bestimmung einer gerechten Strafe, sondern um das Finden einer heilsamen Lösung, die im besten Fall beiden Seiten gut tut, mindestens aber für beide Seiten annehmbar ist. Dem Täter wird im Täter-Opfer-Ausgleich gewahr, welche Konsequenzen seine Tat hat und er kann „Verantwortung dafür übernehmen und Folgerungen für seinen weiteren Lebensweg – in Richtung straffreies Leben – ziehen" (Dölling 1998, S. 3). Die Qualität der Lösung hängt nicht davon ab, wie viel Geld der Täter zahlt oder wie kreativ das Resultat ist. Es geht viel mehr um das Gefühl, einen Plan zu haben, den beide Seiten ernsthaft verfolgen wollen, also um die gemeinsame Entwicklung wiedergutmachender Strategien (vgl. Hagemann 2011, S. 161). Mitunter reichen auch symbolische Wiedergutmachungsleistungen, wenn dies für alle Beteiligten gut tragbar ist. Eine symbolische Wiedergutmachung kann sogar gegenüber der Gemeinschaft in Frage kommen (vgl. Dölling 1998, S. 11). Damit kann die Gemeinschaft, die ja nicht anwesend ist, zumindest indirekt einbezogen werden, indem sie bedacht wird. Beispielsweise könnte sich ein Beschuldigter in einem Altersheim engagieren, weil dies der geschädigten Person lieber ist, als eine direkte Wiedergutmachungsleistung für sich selbst. So lernt der Täter den Lebensort Altersheim kennen, tut dort etwas für die Gemeinschaft, erwirbt sich dafür Anerkennung und Kontakte und möglicherweise auch neue Optionen für eine Erwerbstätigkeit. Gleichzeitig wird durch seine Leistung die soziale Qualität des Heimalltags verbessert und Inklusion befördert.

In diesem Fall entspricht der Täter-Opfer-Ausgleich dem Ansatz von Restorative Justice am deutlichsten, weil alle drei Ebenen – Täter, Opfer und Gemeinschaft – einbezogen sind. Aber auch wenn die Gemeinschaft – wie in den meisten Fällen – keine Rolle einnimmt, orientiert sich der Täter-Opfer-Ausgleich am restorativen Grundgedanken: Wiedergutmachung ist sinnvoller als Bestrafung und dazu braucht es eine Heilung der Beziehung zwischen Täter und Opfer, die wiederum zur Heilung von Verletzungen beiträgt.

Family Group Conference / Familienrat   6

6.1 Historische Entwicklung

Die neuseeländischen Inseln, einer der am spätesten von Menschen besiedelten Bereiche der Erde, wurden von Maori-Stämmen, seefahrenden Polynesiern, entdeckt, die dort im 13. Jahrhundert Fuß fassten (King 2003, S. 33). Für die Europäer war Neuseeland das letzte große neu entdeckte Land. Der Holländer Tasman (1642) und der Engländer Cook (1770) trafen dort eine der letzten großen Gemeinschaften dieser Erde, die unberührt und unbeeinflusst von der Außenwelt lebte (ebd. S. 91). Die Einwanderung verlief anfangs friedlich, aber durch die Einführung von Feuerwaffen kam es zu einer neuen Qualität der kriegerischen Auseinandersetzung – zwischen Pakeha (so wurden und werden westliche Einwanderer von den ansässigen Maori genannt) und Maori, aber auch unter den verschiedenen Maori-Stämmen. Musketenkriege (1807-1842) schufen wildwesthafte Zustände (Crosby 1999), die die britische Kolonialmacht zu befrieden suchte, denn nur wenn Recht und Ordnung etabliert werden konnten, ließe sich Neuseeland zur britischen Kronkolonie erklären. 1840 gelang den Briten das diplomatische Meisterstück mit 540 Maori-Häuptlingen den berühmten Vertrag von Waitangi zu schließen. Darin schenkten die Maori ihr Land der Krone, dafür bekamen sie alle Rechte britischer Staatsbürger und die Garantie traditioneller Selbstverwaltung[31]. Aus heutiger Sicht ist die Treaty of Waitangi ein großartiges Zeugnis des fairen Umgangs einer überlegenen Macht mit einer unterlegenen, auf das man in Neuseeland bis heute stolz ist. Aber der Vertrag war auch ein genialer Schachzug der Maori. Sie konnten damit ihre traditionellen Gemeinschaftsformen in der modernen Verfassung verankern.

So ist auch erklärbar, warum der 1974 in Kraft getretene „Children and Young Persons Act", der staatliche Eingriffsrechte in Kinderschutzfällen und das Jugend-

---

31 „Rangatiratanga", die der über Jahrhunderte gepflegte Form der Stammesführung.

gerichtsverfahren regelte – alles in allem ein recht fortschrittliches Gesetz – 1982 mit der Kritik des „institutionellen Rassismus" konfrontiert wurde. Maori-Kinder fanden sich weit überproportional in Gerichtsverfahren und Kinderheimen wieder, während die Richter und Pädagogen ausschließlich Europäer waren. Der Vorwurf richtete sich gegen die Ausrichtung von Jugendhilfe, die langfristige Bedürfnisse nach kultureller und sozialer Zugehörigkeit kurzfristigen Bedürfnissen nach Sicherheit opfere. Außerdem wurden auch Vorwürfe gegen das Jugendgerichtsverfahren laut, das sich zu sehr auf *Bestrafung* konzentriere, während die traditionalen[32] Konfliktlösungspraktiken eher auf *Konfliktlösung* zielten und die weitere Gemeinschaft involviert hätten. Es bestand der Wunsch nach einer „kultursensiblen" Sozialen Arbeit mit fein abgestimmten Dienstleistungen. Das bedeutete, dass auch Ehrenamtliche und einschlägig erfahrene Fachleute mit demselben ethnischen Blickwinkel wie die Familien eingesetzt werden sollten (vgl. Straub 2005, S. 35ff; vgl. MacRae und Zehr 2004, S. 10f).

Die darauf eingesetzte Expertenkommission kam in ihrem Sachverständigenbericht „Puao te ata tu" (Tagesanbruch) zu dem Ergebnis, dass „in Verwaltungsentscheidungen Betroffene nur mitbestimmen können, insoweit sie ihre Werte und Gepflogenheiten denen des Hilfesystems unterordnen. […] Netzwerkbindungen von Kindern und Traditionen von Familien bleiben unberücksichtigt, in einem nach juristischen u. wissenschaftlichen Standards organisierten System" (Ministerial Advisory Committee 1988, S. 21, eig. Übersetz.). Die Kommission forderte, Maatua Whangai zu stärken, d. h. traditionelle Verwandtschafts- und Stammesstrukturen bei Problemlösungen zu berücksichtigen und ein größeres Gewicht auf familiäre und soziale Stabilität zu legen (vgl. Love 2005). Weiterhin sollte nichts Geringeres geschehen als die Überarbeitung des kompletten Jugendhilfegesetzes, um die Mitwirkung sozialer Netzwerke beim staatlichen Handeln abzusichern. Weil die Maori 1840 kulturelle Eigenständigkeit auf Verfassungsrang ausgehandelt hatten (s. o.), wurde ein Gesetz geschaffen, dessen Name Programm war: „Kinder, junge Menschen und deren Familiengesetz" (Children, Young Persons, and Their Families Act, 1989). Sein Herzstück war das restaurative Planungsverfahren des Family Group Conferencing (dt. Familienrat), welches das professionelle System darauf verpflichtet, den Kreis der Beteiligten aus Verwandtschaft, Freundschaft, Nachbarschaft so weit wie irgend möglich zu realisieren und diesen Kreis mit Planungs- und Entscheidungsrechten auszustatten. Weiter sollte die Hilfeplanung in jedem Einzelfall genau an die jeweilige Gruppe von Betroffenen angepasst werden, was Ablauf, Ort, Sprache, Tradition, Spiritualität u. ä. betrifft. Dadurch sollte staatliches

---

32 Gesellschafts-, Handlungs- und Organisationsformen, die sich durch Rückgriff auf die Geschichte (Tradition) legitimieren, vgl. Weber (2010), S. 159

Handeln besser in Einklang mit lebensweltlichen Gepflogenheiten gebracht und der Jugendhilfe auch die Stärkung von Gemeinschaft als Aufgabe zugeschrieben werden. Die Beziehungen innerhalb der Zivilgesellschaft sollten allgemein gestärkt werden, so dass Menschen sich im alltäglichen Leben gegenseitig unterstützen und mehr Verantwortung füreinander und für sich selbst übernehmen (vgl. Eigen Kracht Centrale 2013).

Das Children, Young Persons, and Their Families-Gesetz umfasst im deutschen Verständnis sowohl das Kinder- und Jugendhilfegesetz (KJHG) als auch das Jugendgerichtsgesetz (JGG) und umspannt mit dem neuen Verfahren der Family Group Conference Rechtsfelder, die ziemlich unterschiedlich sind. Um dem Rechnung zu tragen, aber dennoch ein einheitliches Planungs- bzw. Entscheidungsfindungsverfahren für beide Lebensbereiche (Jugendstrafrecht und Kinderschutz) zu haben, wird im neuseeländischen Recht zwischen „Care and Protection Family Group Conferences" und „Youth Justice Family Group Conferences" unterschieden. Care and Protection Conferences entsprechen aus deutscher Perspektive dem Hilfeplanungsgebot des §36 SGB VIII und wurden in Deutschland unter dem Begriff „Familienrat" eingeführt. Wir wenden uns diesen im übernächsten Abschnitt zu. Youth Justice Conferences wurden in das deutsche System als „Gemeinschaftskonferenzen" (siehe das Kapitel „Gemeinschafts- und Sozialnetzkonferenzen") adaptiert. Im Folgenden werden wir das neuseeländische Original der Youth Justice Conference besprechen und darauf folgend die Methodik des Koordinierens anhand des deutschen Familienrats darstellen.

6.2 Youth Justice Family Group Conference

Youth Justice Family Group Conferences (FGC) sind das Herzstück des neuseeländischen Jugendgerichtsverfahrens (youth justice system). Sie sind in 26 Paragrafen (sections (s)) des Abschnitts IV (Youth Justice) des Children, Young Persons and Their Families Act (CYPFA) von 1989 geregelt (s245-271). Ihr Ziel ist es, die Entwicklung eines Plans zu ermöglichen, durch den Täter Verantwortung für ihre Straftat übernehmen und ihr Verhalten ändern können. Die Family Group Conference soll gleichzeitig der Familiengruppe des Täters eine bedeutende Rolle in diesem Prozess der Wiedergutmachung und Förderung geben. Schließlich soll die Family Group Conference den Bedürfnissen des Opfers Rechnung tragen (s260). Family Group Conferences werden durchgeführt, um außergerichtliche Lösungen möglich zu machen – also vor Anklageerhebung – sie werden aber auch innerhalb von Strafverfahren zur Urteilsfindung eingesetzt. Das Gesetz schreibt vor, dass eine Family Group Conference abgehalten werden muss, wenn ein junger Mensch einer Straftat (außer Mord und Totschlag) beschuldigt wird und

- die Polizei/ Staatsanwaltschaft Diversion für geeignet hält, um den Fall außergerichtlich zu lösen;
- es zu einem Gerichtsverfahren kommt – die Empfehlungen der Family Group Conference dienen dann der Urteilsfindung;
- der junge Mensch wegen einer Gefährdung seines eigenen Wohls in Obhut genommen werden muss (s246 und s258).

Beteiligungsberechtigt sind der junge Mensch, seine Familiengruppe, die durch sich selbst definiert wird, Vertreter von Kulturvereinen und Kirchen, sofern eine entsprechende Unterstützung von der Familiengruppe gewollt wird, die Opfer und deren Unterstützer, die Polizei, ein Youth Justice Koordinator (s. u.) und eine Fachkraft des Jugendamtes, wenn es auch um eine Gefährdung des Wohles des jungen Menschen geht (s251).

Youth Justice Koordinatoren müssen sicherstellen, dass Prinzipen der Family Group Conference eingehalten werden:

1. Straftaten junger Menschen sollen möglichst außergerichtlich bearbeitet werden.
2. Täter sollen zur Verantwortung gezogen werden und Gelegenheit zur Wiedergutmachung des Schaden bzw. Schmerzes, den sie verursacht haben, bekommen.
3. Opfer sollen die Gelegenheit haben, eine wichtige Rolle bei der Entscheidungsfindung zu spielen.
4. Die gesamte Familiengruppe soll in den Prozess einbezogen und der familiäre Zusammenhalt soll gestärkt werden.
5. Entscheidungen sollen im Konsens fallen.
6. Das Verfahren soll kulturangemessen und maßgeschneidert für die jeweilige Familie ablaufen.

Deswegen haben Koordinatoren eine neutrale, allparteiliche Rolle und sie haben die Organisationsverantwortung für den gesamten Prozess.

Vorbereitungsarbeit mit dem Opfer

Care and Protection Conferences der Jugendhilfe unterscheiden sich vor allem darin von den Youth Justice Conferences des Strafverfahrens, dass in letzterem Opfer teilnehmen. Deren Vorbereitung bedarf einer eigenen Methodik, die hier kurz beschrieben wird:

6.2 Youth Justice Family Group Conference

Das erste Treffen des Koordinators mit dem Opfer dient dazu, über das Verfahren zu informieren. Natürlich ist es wünschenswert, wenn die Betroffenen an der Family Group Conference teilnehmen. Dafür wird geworben, sie werden aber nicht dazu überredet. Oft haben sie Angst, in der Family Group Conference noch einmal zum Opfer gemacht zu werden. Deswegen ist es wesentlich zu erklären, dass der Family Group Conference-Prozess in seiner Grundgestalt so konzipiert wurde, dass ihre Bedürfnisse nach Wiedergutmachung und Anerkennung an erster Stelle stehen. Damit Opfer eine mündige Entscheidung über ihre Teilnahme an der Family Group Conference treffen können, werden sie über folgende Vorteile informiert:

- In der Family Group Conference bekommen sie Gelegenheit zu erzählen, welche Wirkungen die Straftat auf sie hatte.
- Sie werden aber auch erfahren, was den Täter zu seiner Tat veranlasst hat und warum es gerade sie getroffen hat. Dieses Wissen brauchen viele Opfer, um über das, was ihnen angetan wurde, hinweg zu kommen, weil sie Sinn darin entdecken können.
- Opfer können auch aus ihrer eigenen Sicht darlegen, was sie brauchen, damit die Dinge für sie wieder in Ordnung kommen.
- Sie sollten auch wissen, dass höhere und zuverlässigere Entschädigungen geleistet werden, wenn sie im Konsens einer Family Group Conference vereinbart wurden, als wenn sie von einem Gericht auferlegt wurden.
- Meistens empfinden Opfer von Gewalttaten die Täter nach einer Family Group Conference weniger beängstigend und ihr eigenes Sicherheitsgefühl steigert sich.

Auch wenn Opfer sich gegen eine Teilnahme entscheiden, muss die Family Group Conference so gestaltet werden, dass ihre Interessen berücksichtigt werden. Deswegen berät der Koordinator in diesem Fall mit dem Opfer, auf welche Weise ihre Position und Wünsche in die Family Group Conference gelangen können. Opfer können sich z. B. entscheiden, ihre Anliegen in einem Brief zu formulieren, sie können einen Stellvertreter schicken, nur eine gewisse Zeit in der Family Group Conference bleiben oder in die Family Group Conference telefonieren bzw. die Family Group Conference per Skype verfolgen oder der Koordinator kann für sie sprechen. Es geht darum, einen Weg zu finden, der das Opfer schützt und gleichzeitig seine Interessen einbringt.

Entschließt sich ein Opfer zur Teilnahme, sollte es darin bestärkt werden, Unterstützer mitzubringen. Auch muss es erfahren, welchen Ablauf sich die Familie des Täters überlegt hat, so dass sie keine Überraschungen erleben. Opfer müssen darin bestärkt werden, dem Plan nur zuzustimmen, wenn sie ihn als gerecht empfinden.

Das Gesetz erlaubt den Beteiligten, die Family Group Conference so zu halten, „wie es für sie passt" (s256,1). Die üblichen Gepflogenheiten schließen folgende Schritte ein:

- Eine Vorstellungsrunde nach traditionellem Maori-Format, als Mihi[33] oder in moderner Form.
- Gebete, wenn von den Beteiligten gewünscht, wofür evtl. auch geistliches Personal hinzugezogen wird.
- Die Erklärung des im Gesetz geregelten Verfahrens der Family Group Conference durch den Koordinator.
- Die Darstellung der Ermittlungsergebnisse der Polizei.
- Die Gelegenheit für den Beschuldigten zu den Ermittlungsergebnissen Stellung zu nehmen und die Tat zuzugeben, was die Voraussetzung für den weiteren Ablauf ist.
- Die Gelegenheit für das bzw. die Opfer oder deren Vertreter, die eigene Sicht der Dinge darzulegen.
- Eine Diskussion dazu, was geschehen muss, um die Dinge wieder in Ordnung zu bringen.
- Eine private Familienzeit der Familiengruppe des Täters, in der ein Planvorschlag entwickelt wird.
- Die Verhandlung des Planvorschlags und die Planformulierung durch alle Teilnehmer.
- Die Einverständniserklärung aller Teilnehmenden.
- Die verwaltungstaugliche Formulierung des Planes durch den Koordinator und die Weiterleitung der Ergebnisse an die entsprechenden Stellen (Staatsanwalt, Richter, Therapeuten, Hilfsorganisationen etc.). Das Gericht kann dem Plan der Family Group Conference zustimmen und tut dies normalerweise, es hat aber auch die Möglichkeit, den Plan durch Weisungen und Strafen zu ergänzen (s283 und s284).

Genaueres zu diesen Schritten wird im Abschnitt „Care and Protection Family Group Conferences" erläutert.

---

33 Unter Maori beginnt jede offizielle Rede mit einem Mihi, einer Erklärung, wer man ist, in Beziehung zu Ahnen, Stamm und Herkunftsort. Der einzelne Mensch wird als ein Teil seiner Hapu, Iwi (Stamm, Sippe) und Whanau (Großfamilie) gesehen. Ein Mihi schließt man ab mit einem Hongi, indem man mit der eigenen Nase sanft die Nasenspitze aller anderen berührt.

6.3 Beispiel einer Youth Justice Conference

Die vierzehnjährige Joana hat das Auto ihrer Mutter entwendet und mit zwei Freundinnen eine Spritztour durch die Stadt gemacht. Durch die ungelenke Fahrweise fällt das Auto Vorbeilaufenden auf, die die Polizei alarmieren. Schließlich werden Joana und ihre Freundinnen gestoppt. Es wird ein Alkoholtest gemacht, der ergibt, dass die Fahrerin unter Alkoholeinfluss steht, und die Personalien werden aufgenommen, bevor die jungen Mädchen nach Hause gebracht werden.

Nachdem der Fall durch die Polizei an Child Youth and Family (Jugendamt in Neuseeland) weitergeleitet wurde, wird eine „Pre-Family Group Conference" einberufen. Ein Hausbesuch bei Joana und ihrer Mutter findet statt, bei dem das weitere Vorgehen und die organisatorischen Vorbereitungen besprochen werden. Das offizielle Treffen, zu dem Einladungen an vereinbarte Personen verschickt wurden, findet dann im nahegelegenen Community Center statt. Es sind Joana, ihre Mutter, Joanas Großeltern, ein Polizist, die Schulleiterin Joanas, die Koordinatorin und eine beobachtende Person zur wissenschaftlichen Auswertung anwesend.

Nach einer Vorstellungsrunde schildert der Polizist den Tathergang. Es folgt eine Entschuldigung von Joana, die sehr leise spricht und offensichtlich betroffen ist. Schließlich ergreift die Schulleiterin das Wort und berichtet, dass Joana schon seit längerem nicht mehr in der Schule auftauchen würde. Sie gibt gleichzeitig Bedingungen an, unter welchen das junge Mädchen wieder zurück in die Schule kommen könne. Eine sich anschließende Diskussion aller Teilnehmenden und ein Streitgespräch zwischen dem Großvater und Joanas Mutter werden durch die Koordinatorin mit Verweis auf die Familienzeit beendet. Vom Polizisten werden vor der Familienzeit noch Überlegungen mit auf den Weg gegeben, die aus Sicht des Staates Joanas Vergehen wieder gut machen würden. Er führt an, dass Suchtberatung, Community Work, regelmäßiger Schulbesuch sowie Elterntraining in Frage kommen könnten.

Schließlich beginnt die Familie die Family-only-Phase, die nur 30 Minuten dauert. Nach einer halben Stunde ist die Familie fertig und der Großvater präsentiert den erarbeiteten Plan: Joana wird die Schule wieder regelmäßig besuchen. Dazu wird ihre Mutter in abgestimmten Abständen im Kontakt mit der Schule stehen. Das junge Mädchen ist bereit, zur Suchtberatung zu gehen, möchte aber von einer Fachkraft noch genauere Informationen dazu bekommen. Zudem wird Joana als Community Work ihre hilfebedürftigen Großeltern im Haushalt unterstützen, wobei ihr Verdienst als Schadenswiedergutmachung gespendet werden soll. Nach Abschluss dieser Ausführungen beginnt die Verhandlungsphase. Der Polizist möchte, dass Joana zumindest einen Teil der Community Work bei einer Organisation leistet. Der Kompromiss besteht schließlich darin, dass Joana 25

Stunden Community Service bei einem Träger und 25 Stunden im Haushalt ihrer Großeltern abarbeitet. Die Anspannung, die zu Beginn der Zusammentreffens im Raum lag löste sich als ein Ergebnis vorhanden war. Besonders Joana wirkte nach der anfänglichen Schüchternheit erleichtert. Der erarbeitete Plan berücksichtigt einerseits die Familie und deren lebensweltliche Besonderheiten, gleichzeitig werden auch die Bedürfnisse und Forderungen des Opfers, in dem Fall des Staates, wahrgenommen und aufgegriffen (vgl. Henkel 2015, S. 62 – 66).

Vielleicht ist dies kein klassischer Fall, bei dem sich Täter und Opfer gegenübertreten, aber es zeigt doch, wie Vorstellungen und Bedürfnisse aller Seiten mit einbezogen werden können und dann ein Plan entsteht, der für den Moment passgenau ist. Es ist eine beweglicher Ablauf, der niemals gleich verläuft (vgl. dazu das nachfolgende Fallbeispiel) und viel Flexibilität erfordert und gleichzeitig ermöglicht.

6.4 Familienrat (Care and Protection Family Group Conference)

Das neuseeländische Recht schreibt in s18 bis s39 des Children, Young Persons and Their Families Act eine „*Care and Protection Family Group Conference*" vor, wenn das Wohl eines Kindes gefährdet ist (vergleichbar mit dem Tatbestand des §27 SGB VIII). Eine koordinierende Person wird vom Auftraggeber des *Familienrates*[34] – z. B. Jugendamt, Schule, Jugendrichter als der Institution, die sich Sorge um das Wohl eines jungen Menschen macht – mit der Organisation des Familienrats beauftragt.

Die koordinierende Person wird zusammen mit der Kernfamilie alle Beteiligungsberechtigten ausfindig machen, vorinformieren und einladen. Diese Vorbereitungsarbeit ist aufwändig, aber der weite Kreis von Teilnehmenden aus der Lebenswelt des Kindes vergrößert die Chance, dass die Lösung von dort kommt, dass eine Dynamik in der Familiengruppe entsteht, dass Verantwortung übernommen wird. Gleichzeitig wird das Risiko verringert, Sachverhalte unter den Teppich zu kehren.

Die koordinierende Person beratschlagt mit den Hauptbetroffenen auch, *wie* der Familienrat ablaufen soll. Die Familie, die als Gastgeber auftritt und die Beteiligten empfängt, bestimmt den Ort. Möglich ist, was zur Beratung in der jeweiligen Familiengruppe passt: Begrüßungsreden, Musik, Gebete oder andere

---

34 Wir wechseln an dieser Stelle zum deutschen Begriff „Familienrat" (Früchtel 2002; Früchtel und Straub 2011; Früchtel et al. 2013). Manchmal wird auch der Begriff „Familiengruppenkonferenz" (Hansbauer et al. 2009) verwendet oder „Verwandtschaftsrat" (Budde und Früchtel 2008).

rituelle Elemente. Mahlzeiten sind in jedem Falle wichtig. Das offensichtliche Anknüpfen an die Gepflogenheiten der Familienkultur macht unmissverständlich klar: Der Familienrat ist keine Helferkonferenz, an der Familienmitglieder beteiligt werden. Der Familienrat ist der Rat der Familiengruppe und eben keine expertendominierte Veranstaltung. Diese Form von „Besitzerschaft" vermindert die professionelle Gestaltungshoheit und steigert die Bereitschaft der Betroffenen, Verantwortung zu übernehmen.

Ablauf des Familienrates

Die Vorbereitungszeit für einen Familienrat dauert zwei bis sechs Wochen und wenn sie erfolgreich ist, findet ein Familienrat in drei Phasen statt (genauere methodische Ausführungen in Früchtel/Budde/Cyprian 2013). Die „*Eröffnung*" erfolgt durch ein Familienmitglied und durch ein für die Familie übliches Ritual. Dann erklärt die Koordinationsperson das Prinzip und den Ablauf und leitet die „*Informationsphase*" ein:

Eine Fachkraft vom Jugendamt (oder der Schule, des Jugendgerichts) beschreibt präzise und kompakt, was ihr „Sorge" macht. Dann berichten andere Fachkräfte ihren Kenntnisstand und referieren wichtige allgemeine Informationen zum vorliegenden Problem, ohne dabei spezifische Lösungswege zu implizieren. Wenn der Koordinator sicher ist, dass die Familiengruppe über alle wichtigen Informationen der Fachkräfte verfügt und alle Fachfragen beantwortet sind, stellt er Einigkeit darüber her, was die Aufgabe der Familiengruppe ist. In der Formulierung der Aufgabe muss die Sorge des Amtes eingeschlossen sein und sie kann zum Beispiel lauten: „Machen Sie einen Plan, wo und wie Nicole gut leben und aufwachsen kann". Wenn es an das Ausarbeiten des Plans geht, müssen alle Fachkräfte den Raum verlassen. Die eigentliche Hilfeplanung, die „*Family-only-Phase*", ist als profifreier Raum konzipiert. Der Plan kommt also ohne Zutun und Mitsprache von Fachleuten zustande, die erst ein paar Stunden später, in der „*Verhandlungsphase*", von der Familiengruppe mitgeteilt bekommen, was getan werden soll, um das Problem zu lösen. Wenn die Fachkraft, die die Eingangssorge formuliert hat, nicht der Meinung ist, dass der Plan ausreicht, formuliert sie genau, wo ihre „Restsorge" liegt und die Familie beginnt mit einer Nachbesserung des Planes. Die Verhandlungsphase ist als Konsens schaffender Prozess gedacht, d.h. er wird so lange verhandelt, bis ein für alle gehbarer Weg vorliegt.

Die Philosophie des Familienrats lässt sich wie folgt zusammenfassen:

1. Was bislang als Familien- und Erziehungsproblem verstanden und auf die isolierte Kernfamilie verengt gesehen wurde, wird im Familienrat als Aufgabe eines ganzen Netzwerks verstanden. Der *Kreis der Beteiligten wird erweitert*

und die professionalisierten Hilfeangebote für die Mitwirkung von Bürgern geöffnet. Dabei scheint die persönliche Bekanntschaft eine enorm aktivierende Wirkung zu haben. Im Familienrat wird die „Re-Sozialisierung" von Hilfe und der Vergemeinschaftung genauso wichtig genommen, wie die funktionale Problemlösung.
2. Die Hilfeplanung erfolgt als *Heimspiel*. Zeit, Ort, Teilnehmerkreis und Sprache orientieren sich an der Familie. Sie ist Gastgeberin. Ihre familiäre Kultur, die sich im eigenen Lebensstil, im spezifischen Essen und Trinken, im Singen, Beten, Musikhören, in Zugehörigkeiten zu bestimmten Vereinen oder Milieus ausdrückt, ist das Gestaltungsprinzip des Rats.
3. *Lösungsabstinenz*: Die beteiligten Fachkräfte bringen Fachwissen ein, sind aber nicht für die Entwicklung einer bestimmten Problemlösung zuständig, deren Umsetzung sie allerdings wieder unterstützen. Die „Family-only-Zeit" scheint dafür ausgesprochen zweckdienlich.
4. *Neutralität*: Die Organisation des Familienrats kann durch Bürger oder Fachkräfte erfolgen, muss aber eine eigene, vom Leistungssystem unabhängige Aufgabe sein. Die zusätzliche Koordinationsaufgabe (Kreiserweiterung und Gemeinschaftsbildung) baut den binären Widerspruch des doppelten Mandats[35] zu einer besser handhabbaren Triangulation aus.

In die Jugendhilfegesetzgebung übernommen wurde das Verfahren der Family Group Conference in Neuseeland (Childrens, Young Persons, and Their Families Act, 1989), Australien (Children and Young People Act, Capital Territory, 2008), Irland (Children Act, 2001), Yukon/Kanada (Child and Family Service Act, 2008), New Brunswick/Kanada (Family Service Act, 1997), British Columbia/Kanada (Child, Family and Community Service Act, 1996), England and Wales (The Public Law Outline, 2008), Niederlande (Wetboek van Burgerlijke Rechtsvordering, de wet op de jeugdzorg en de pleegkinderenwet in verband met herziening van de maatregelen van kinderbescherming 2011).

---

35 Das „doppelte Mandat" bezeichnet das Phänomen, dass Sozialarbeitende sich in einem Spannungsverhältnis zwischen der Wahrung bzw. Vertretung der Interessen der Betroffenen (Hilfe, parteiliche Interessenvertretung) und der Interessen des staatlichen Auftraggebers (Anpassung, Kontrolle, „fördern und fordern" etc.) befinden.

6.5 Beispiel eines Familienrats

Claudia Marek hat einen wütenden Brief an den Gemeinderat Rolf Petersen, einen ehemaligen Schulfreund geschrieben. Sie werde vom Jugendamt „gemobbt". Frau Schick, Sozialarbeiterin des Allgemeinen Sozialdienstes, jage sie mit Hausbesuchen und „Einbestellungen". Ein „Scheißamt" sei das, schreibt sie, die hätten nichts anderes zu tun, als alleinerziehenden, berufstätigen Müttern den sowieso schon schwierigen Alltag noch schwerer zu machen.

Die Sozialarbeiterin sieht den Fall anders. Frau Marek ist Dauerthema im Team seit der vierjährige Gernot von der Mutter sonntags in die Klinik gebracht wurde. Der Arzt fand den Jungen derart abgemagert und dehydriert, dass er das Jugendamt alarmierte. Dort wurde der Anruf als „Kinderschutzfall" verbucht und sofort ein Hausbesuch durchgeführt. Frau Marek wies den Verdacht, sie sorge nicht ausreichend für ihre Kinder, empört zurück. Der Junge habe einen anhaltenden Brechdurchfall gehabt. Seine Versorgung mit passendem Essen ohnehin nicht leicht, da er an Neurodermitis leide. Als das Wort „Kindeswohlgefährdung" fällt, wirft Frau Marek die Sozialarbeiterin aus dem Haus. Schließlich war sie es, die Gernot in die Klinik gebracht habe. Das zeige doch, wie sehr sie sich um sein Wohl sorge und dass ihr dabei niemand helfe, sei ja nicht ihre Schuld. Die Kontaktaufnahme zur Kita trägt wenig zur Beruhigung der Sozialarbeiterin bei. Gernot und sein Bruder Kai kämen unregelmäßig in die Kita. Manchmal sähen die Erzieherinnen sie tagelang nicht. Oft hätten die Kinder kein Frühstücksbrot mit und würden mit Verspätung abgeholt. Die Mutter fühle sich leicht angegriffen, wenn man sie darauf anspräche.

Normalerweise würde jetzt eine Fallbesprechung im Team des Jugendamtes stattfinden und sich danach ein Hilfeplangespräch mehrerer Fachkräfte mit der Mutter anschließen. Da die Fachkräfte sich der Kindeswohlgefährdung nicht sicher sind, würden sie der Mutter vielleicht eine Sozialpädagogische Familienhilfe (SpFH) „anbieten" mit klaren Auflagen: regelmäßige Vorstellung der Kinder beim Kinderarzt und täglicher Kita-Besuch. Frau Marek würde nolens volens zustimmen, um ihre Kinder behalten zu können. Die „Wächter-SpFH" ist in diesem Fall eine Notlösung, denn erwiesen ist nicht, dass von der Mutter eine Gefährdung des Kindeswohls ausgeht, aber glauben darf man ihr die Geschichte mit dem Durchfall auch nicht einfach. Kinderschutz ist Gesetz. Die SpFH muss zur Sicherheit Gernots einbezogen werden und zwar auch zur Sicherheit des Jugendamtes, ausreichend gehandelt zu haben (vgl. Hermanni 2003, S. 561). Im vorliegenden Fall wurde anders vorgegangen:

Die Sozialarbeiterin versichert Frau Marek, dass sie eine gut sorgende Mutter sei, das zeige ja schon, dass sie Gernot ins Krankenhaus gebracht hätte. Sie wolle Frau Marek dabei helfen, mehr Unterstützung von Arbeitgeber und Kita zu bekommen und bietet ihr deswegen einen Familienrat an. Das wäre eine Versammlung von Menschen, die Frau Marek wichtig seien und die zusammen ihren Einfluss geltend machen können, für ihre schwere Lebenssituation eine Verbesserung zu erreichen. Frau Marek überlegt sich die Sache und stimmt schließlich zu, auch weil sie natürlich das Jugendamt ernst nehmen muss.

Eine Koordinatorin eines Freien Trägers wird vom Jugendamt beauftragt, den Familienrat zu organisieren. Sie kündigt sich bei Frau Marek mit einem Brief an, in dem sie unterstreicht, dass sowohl Frau Schick vom Jugendamt als auch sie selbst sicher sind, Familie Marek wird eine gute Lösung für Gernot im Familienrat finden. Ihre Aufgabe als Koordinatorin sei die Beratung zur Organisation des Treffens. Ihr Brief weist darauf hin, dass es um eine durch die Familie entwickelte Lösung gehe und Frau Marek das Recht habe, solange „Nein" zu sagen, bis der ganze Plan zu ihrer Familie passe. Dem Brief liegt ein Flyer bei, der über Ziel, Ablauf und Prinzipien des Familienrates informiert.

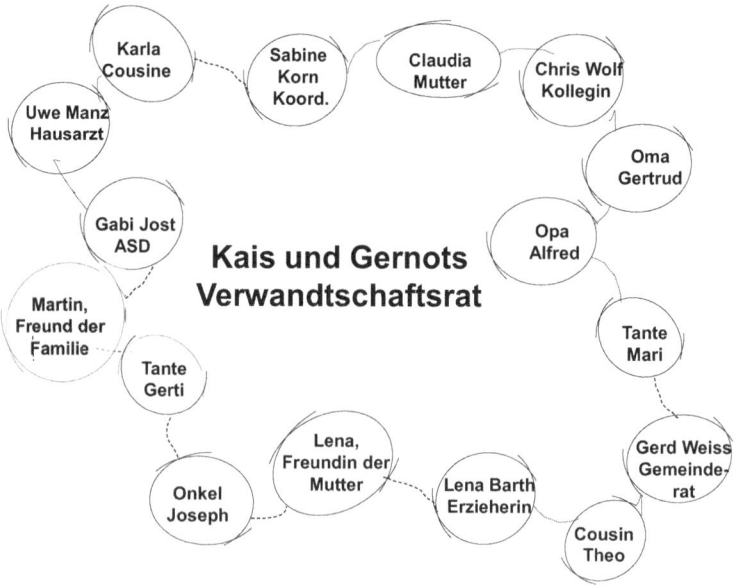

Abb. 6   Teilnehmerkreis des Familienrates von Frau Marek

6.5 Beispiel eines Familienrats

Danach trifft sich die Koordinatorin mit der alleinerziehenden Mutter, wiederholt die Informationen ihres Briefes und beratschlagt mit ihr die Zusammenstellung der Teilnehmenden. Wer von den Verwandten und Freunden hat das Vertrauen von Frau Marek und kann ihr im Alltag mit ihren beiden Jungen helfen? Eine Netzwerkkarte (vgl. Budde und Früchtel 2006; vgl. Herwig-Lempp 2004) macht deutlich: Frau Marek verfügt nicht nur über eine große Verwandtschaft, vor der Geburt ihrer Kinder war sie auch im Gymnastik- und Kegelverein aktiv und hat auch bei den Falken mitgearbeitet. Außerdem war sie Sängerin und Gitarristin in einer Band. Die Koordinatorin schlägt vor, zusätzlich eine Erzieherin aus dem Kindergarten und einen Kinderarzt hinzuzuziehen. Er könne die Familie zu Ernährungsfragen informieren, weil hierzu das Jugendamt eine Lösung fordere. Einladung und Vorbereitung der ins Auge gefassten Teilnehmer teilen sich Mutter und Koordinatorin auf. Weil ihre Zwei-Zimmerwohnung zu klein ist, soll der Familienrat im Vereinsheim stattfinden. Dort kennt sich Frau Marek aus. Wie bei früheren Heimspielen der 1. Damenmannschaft soll das Treffen mit Kaffee und von Frau Marek selbstgebackenem Apfel-Kirsch-Kuchen beginnen.

Die Koordinatorin begrüßt die Anwesenden und bedankt sich für das Kommen der Familienmitglieder, Freunde und Fachkräfte. Nachdem sich alle vorgestellt haben, erklärt sie den Grund des Zusammentreffens: Das Jugendamt sei besorgt über die Ernährung von Gernot und Kai und um Frau Marek, die als Mutter und Kassiererin im Supermarkt wirklich viel zu leisten hätte. Heute ginge es darum, einen Plan zu entwickeln, der sicherstelle, dass es Gernot, Kai und Frau Marek gut geht.

Dann bittet die Koordinatorin die Fachkraft Frau Schick zu erklären, was das Jugendamt erwarte. Diese verweist auf die erhaltene Meldung vom Krankenhaus, die dort festgestellten Anzeichen einer Mangelernährung, schildert ihr Gespräch mit dem Kita-Personal und erläutert das Problem mit der Neurodermitis-Diät, die im Kindergarten nicht zu haben sei. Das Jugendamt könne mit sozialpädagogischen Unterstützungsmöglichkeiten helfen und erwarte einen sicheren Plan für die Kinder. Sie sei überzeugt, dass die Familie diesen sicheren Plan entwickeln könne. Sie wisse, dass Frau Marek die Erziehung und Förderung ihrer Kinder sehr am Herzen liege und habe großen Respekt vor ihren Leistungen als alleinerziehende Mutter. Es sei bestimmt nicht einfach, die schwere Arbeit im Supermarkt und die Versorgung der zwei Jungen zu schaffen. „Frau Marek, Sie leisten soviel wie ein Manager eines Unternehmens, Respekt!" Mit diesen Worten schließt sie ihre gut vorbereitete Sorgeerklärung ab.

Die Erzieherin beschreibt die Jungen als pfiffige Kerle, die von Anfang an gut in der Gruppe integriert gewesen seien. Nach ihrer Überzeugung seien Kai und Gernot altersgemäß entwickelt. Die Erzieherin berichtet aber auch von den Fehlzeiten, den leeren Kindergartentaschen, temperamentvollen Auseinandersetzungen mit Frau Marek und von ihrem Eindruck, dass die Mutter zwar engagiert, oft aber mit Kräften und Nerven am Ende gewesen sei, wenn sie die Jungen mit reichlicher Verspätung vom Kindergarten abgeholt habe.

Der Kinderarzt berichtet von den medizinischen Befunden. Sie deuteten auf eine Mangelernährung hin, die unterschiedliche Ursachen haben könne. Er klärt darüber auf, wie eine geeignete Diät die Neurodermitis-Symptome eindämmen könne. Dazu verweist er auf die Ernährungsberatung der örtlichen AOK.

Die Koordinatorin gibt den Anwesenden Gelegenheit zu Nachfragen an die Profis und erläutert dann die Spielregeln des Familienrates: Das Treffen sei vertraulich, jeder dürfe hier zu Ende sprechen und es ginge nicht darum zu klären, was in der Vergangenheit nicht gut gelaufen sei oder wer daran schuld sei. Viel wichtiger wäre eine gute Lösung für die Zukunft. Sie schließt mit dem Auftrag an die Familie, einen Plan zu machen, der sicherstelle, dass es Gernot und Kai in der Familie gut geht. Der Plan müsse eine Lösung für die Versorgung der Kinder mit Essen vorsehen. Die weitere gesundheitliche Entwicklung der Jungen müsse überprüft werden. Dass die Familie das schaffe, da sei sie sich sicher.

Die exklusive Familienzeit dauert nicht ganz zwei Stunden. Fachkräfte, deren Unterstützung nicht mehr nötig ist, werden entlassen, die Koordinatorin und Sozialarbeiterin vom Amt warten. Der Familienrat schafft in Bezug auf Zuständigkeiten Klarheit. Verantwortlich für die Kinder sind ihre Familie und deren Netzwerk. Der Plan überzeugt die Sozialarbeiterin des Allgemeinen Sozialen Dienstes (ASD) insbesondere in den Punkten:

- Kindertagesstätte: Lena, Frau Mareks Nachbarin, selbst Mutter eines vierjährigen Mädchens, wird Gernot und Kai jeden Montag, Donnerstag und Freitag in den Kindergarten bringen und abholen. Das passt am besten zu ihrer Arbeitszeit und entlastet sie dienstags und mittwochs, wenn Frau Marek es übernimmt, die drei Kinder zum Kindergarten zu bringen.
- Ernährung: Ein großes Problem war, dass der Ganztagskindergarten kein geeignetes Essen für Gernot anbieten konnte. Das sei nicht hinnehmbar, meint der eingeladene Gemeinderat, den Frau Marek zum eigenen Netzwerk gezählt hat. Noch aus dem Familienrat telefoniert er mit dem Träger der Kindertagesstätte und dem Essenszulieferer. Mit Erfolg: Gernot wird seine Diät bekommen und es lässt sich sogar eine zusätzliche Portion in einen „Henkelmann" abfüllen. Das wird die Mutter abends entlasten. Der Kindergarten muss das nicht umsonst machen: Frau Marek bietet ihre Mitwirkung in der musikalischen Früherziehung an.
- Verspätung: Dienstags wird Chris Wolf, die Kollegin im Supermarkt, sicherstellen, dass Frau Marek „pünktlich rauskommt". Sie wird mit dem Chef reden und notfalls auch die Schicht tauschen.

6.5 Beispiel eines Familienrats

- Stärkung der Mutter: Am Mittwoch und an jedem ersten Wochenende des Monats übernehmen die Großeltern die Betreuung der Jungen. Am Mittwochabend hat Frau Marek ihren freien Abend und will ihre Freundschaften pflegen oder auch mal tanzen gehen.
- Die vier Bausteine des Plans sollen sofort umgesetzt werden.

Ein für den ASD zentraler Punkt fehlt jedoch. Wie, fragt die Sozialarbeiterin, will die Familie sicherstellen, dass die Kinder auch gesundheitlich gut versorgt werden. Sie bittet die Familie den Plan entsprechend zu ergänzen. Die Reaktion der Familie ist deutlich. Offenbar wird damit ein kontroverses Thema der exklusiven Familienzeit berührt. Aber auch hier findet sich eine Lösung mithilfe des Schulfreundes der Mutter. Erneut greift Gemeinderat Weiss zum Telefon und vereinbart mit dem Träger, dass die Kita-Leiterin sich die Kinder regelmäßig ansieht und der zuständigen Sozialarbeiterin einmal im Monat berichtet. Generell soll gelten: Tauchen bei den Mitarbeiterinnen der Kita Unsicherheiten darüber auf, ob es Kai und Gernot gut geht, sucht die Kita-Leiterin sofort den Kontakt zum Jugendamt. Nach drei Stunden wird der Plan von allen Anwesenden unterschrieben. Ein Familienrat in einem Kinderschutzfall ist beendet.

So, aber auch ganz anders kann ein Familienrat ablaufen und die unterschiedlichsten, teils unerwarteten und kreativsten Lösungen aus sich heraus entwickeln. Durch die wertschätzende und positive Haltung der Fachleute gegenüber der Familie wird diese darin bestärkt und ermutigt, ihre ganz eigenen Lösungen zu finden und auszuhandeln. „Es gilt, die Passivhaltung von Familien (…) abzuwenden und Familien zu ermöglichen, Entscheidungen selbst zu treffen und zu planen" (Nadjé 2007, S. 56). Die Familie bleibt dadurch in gewisser Weise autonom, weil ihr *nicht* Hilfestellungen und -pläne von Ämtern vorgelegt werden. Die Familie wird darin unterstützt, für ihre Probleme Verantwortung zu übernehmen und einen eigenen Weg zu finden. Das führt mitunter dazu, dass sie längerfristig motiviert sind (vgl. Hilbert et al. 2011, S. 9). Am Ende ist es bei dem Erarbeiten des Plans nicht unbedingt wichtig, die beste Lösung oder das vermeintliche Optimum zu finden, sondern einen Weg, der bezüglich der familiären Lebenswelt am sinnvollsten und ebenso allen Beteiligten erreichbar scheint (vgl. Früchtel und Budde 2003, S. 16).

Gemeinschaftskonferenzen und Sozialnetzkonferenzen 7

An dieser Stelle stellen wir zwei Projekte vor, die sich um die Etablierung der restaurativen Idee im Strafrechtsbereich bemühen. Zunächst gehen wir auf das Projekt zu Gemeinschaftskonferenzen (GMK) ein, das nach den Prinzipien von Restorative Justice entwickelt wurde. Im zweiten Teil des Kapitels skizzieren wir die Sozialnetz-Konferenzen in Österreich.

7.1 Gemeinschaftskonferenzen

2006 wurde der „Verein für Jugendhilfe Pinneberg e. V." in Elmshorn gegründet, der in Zusammenarbeit mit dem Schleswig-Holsteinschen Sozialministerium, dem kriminalpräventiven Rat der Stadt Elmshorn und der Stiftung Straffälligenhilfe Schleswig-Holstein ein Modellprojekt „zur Implementation der Idee des Conferencing in Deutschland durchführte". Es ging um das Vorhaben, „wesentliche Aspekte der Konfliktbearbeitung im Kontext von Straftaten vom Justizsystem in die Lebenswelt der Beteiligten zurück zu verlagern" (Hagemann 2010, S. 306). Im Fokus der Gemeinschaftskonferenz steht also jemand, der eine Tat begangen hat und dadurch dem Justizsystem bekannt geworden ist. Die Gemeinschaftskonferenz ist eine Erweiterung und Intensivierung des Täter-Opfer-Ausgleichs nach restaurativen Prinzipien. Sie bildet eine Form des Conferencing, einem „Gruppenverfahren zur dialogischen Aufarbeitung von strafrechtlich gerahmten Konflikten" (ebd.). Methodenteile des Täter-Opfer-Ausgleichs und des Family Group Conference wurden adaptiert und zu einer neuen Form verbunden, die seit einigen Jahren im Elmshorner Pilotprojekt erprobt und ausgewertet werden (vgl. Hagemann 2009a).

Vorbild waren auch die belgischen Hergo-Konferenzen[36], „die nach dem neuseeländischen Muster in einem legalistischen Rechtssystem konzipiert wurden und seit 2006 ebenfalls gesetzlich verankert sind" (ebd., S. 28).

Gemeinschaftskonferenzen finden auf Grundlage des Jugendgerichtsgesetzes (Mediation als Weisung § 10 Nr. 7, als Auflage § 15 Abs. 1 im Hauptverfahren; als Diversionsmaßnahme im Vorverfahren § 45 oder im Hauptverfahren § 47 JGG) und des StGB (§ 46a) statt[37]. Die offensichtlichen Ziele sind, ähnlich wie beim Täter-Opfer-Ausgleich, die Verantwortungsübernahme des Täters durch Wiedergutmachungsleistungen und Milderung einer der Strafe oder die Einstellung des Verfahrens durch die Staatsanwaltschaft (vgl. Hagemann 2008, S. 13). Bei einer Gemeinschaftskonferenz nehmen die „Täterseite", die „Opferseite"[38], die „Unterstützer" sowie die Polizei teil. Dazu kommt ein gemischt-geschlechtliches Team von zwei „Mediatoren"[39], die dieses Verfahren organisieren und strukturieren.[40]

Mit „*Täterseite*" sind Jugendliche und Heranwachsende gemeint, die bei Straftaten gesetzlich unter das JGG fallen, also zwischen 14 und 21 Jahren alt sind. Wie im neuseeländischen (Morris & Maxwell 1998) und belgischen Modell (Vanfraechem & Walgrave 2005) wird bei Heranwachsenden davon ausgegangen, dass Delikte häufig aufgrund des Erwachsenwerdens begangen werden und mehr der individuellen Reifung und Entwicklung als charakterlichen oder moralischen Ursachen geschuldet sind. Bei Jugendlichen ist man eher als bei Erwachsenen dazu bereit, die Ursachen für kriminelles Handeln in überindividuellen, sozialen Faktoren (z. B. Gruppendruck, Abenteuerlust) zu suchen oder dieses Handeln als entwick-

---

36 Hergo = Herstelgericht Groepsoverleg
37 vgl. dazu das Kapitel Täter-Opfer-Ausgleich – die etablierte Form von Restorative Justice
38 Mit den Begriff „Täter" und „Opfer" werden „Aspekte fest[geschrieben], die vielleicht subjektiv von den so Bezeichneten anders empfunden werden" (Hagemann 1993, S. 13). „Täter", „Opfer", „Schädiger" und „Geschädigter" sind eigentlich zu einfache Begriffe für ein komplexes soziales Geschehen, die erstens die interaktive Natur von Taten unterschlägt, zweitens die Vielschichtigkeit und den Facettenreichtum von Personen auf die Tat und deren Erleiden reduziert und drittens soziale Faktoren zugunsten von individuellen Verantwortlichkeiten ausklammert. „Beschuldigter" ist interessant, im Hinblick auf die interaktive Dimension, denn er macht aus dem aktiven Täter einen passiven Beschuldigten. Allerdings betont auch dieser Begriff des Justizsystems die Schuld der individuellen Tat, während Gemeinschaftskonferenzen auf die kollektive Tat, die der Schuld folgt, abheben.
39 Die Bezeichnung „Mediator" wurde von Hagemann so gewählt, weil er die GMK als Mediationsverfahren begreift (Hagemann, Nahrwold, Lummer 2012, S. 5).
40 In der Erprobungsphase sind stets – nach Zustimmung der Teilnehmenden – auch ein bis zwei wissenschaftlich-beobachtende Personen anwesend (vgl. Bergemann 2011, S. 31).

7.1 Gemeinschaftskonferenzen

lungstypisches Übergangsphänomen (Austesten von Grenzen, Lernen von gesellschaftlichen Normen) zu sehen. Die Bereitschaft, normverletzendes Handeln nicht mit „krimineller Energie" in Zusammenhang zu bringen, sondern als Austesten und Überschreiten von Grenzen zu interpretieren, ist sowohl in der öffentlichen Meinung als auch in den Institutionen des Strafrechts größer. Dort spricht man dementsprechend von „jugendtypischen Verfehlungen" (Hagemann 2008, S. 2).

Die *Opferseite* sind Menschen jeden Alters, die direkte oder indirekte Schädigung erfahren haben, sei es materieller, körperlicher oder seelischer Art. Eine Konferenz kann nur stattfinden, wenn klar ist, wer das Opfer ist und diese Person zudem bereit ist, an einer GMK teilzunehmen.

Unterstützer sind Menschen, die von Geschädigtenseite und von Täterseite genannt werden. Es sind Vertrauenspersonen der jeweiligen Parteien aus dem Familienkreis, aus der Verwandtschaft sowie Bekannte und Freunde[41], die sich bereit erklären, an einer Lösung des Konflikts mitzuarbeiten[42]. Dazu zählt nach der GMK auch die aktive oder evaluative Mitarbeit an der Umsetzung der Vereinbarungen. Die Beteiligten aus der Lebenswelt spielen gerade auch durch ihre allgegenwärtige informelle soziale Kontrolle eine große Rolle, während Fachkräfte nur formelle und punktuelle Kontrollfunktionen ausüben können.

Hagemann weist auf die Problematik des Gemeinschaftsbegriffs hin und schlägt eine erläuternde Verwendung vor. Die „Gemeinschaft" der Gemeinschafts-Konferenzen ist nicht das staatlich-administrative „Gemeinwesen", auch nicht die moralisch-normative Kategorie zur zivilgesellschaftlichen Solidarität, sondern vielmehr eine „community of interest" oder eine „local community" oder die „caring others" aus dem Netzwerk der Betroffenen. Hier wird noch einmal (vgl. das Kapitel „Restorative Justice") das vielschichtige Bedeutungsspektrum des Begriffes deutlich, das zudem im deutschen Sprachraum historisch nicht ganz unbelastet ist.

Die Unterstützenden gelten als besonders wichtig, da sie ihre Bezugsperson gut kennen, so können sie „sehr informierte Fragen" stellen. Das geschieht nicht aus beruflichen Gründen oder aus einer professionellen Motivation heraus, sondern „weil sie dies moralisch in ihrer Lebenswelt beanspruchen dürfen" (Hagemann 2010, S. 309). Vertrauenspersonen nutzen diese moralische Ebene.

---

41 Jugendliche fühlen sich zusammen mit Gleichaltrigen aus ihrer Peer-Group sicherer, weil in der Adoleszenz Gruppen eine „herausragende Rolle" spielen (Hagemann 2010, S. 310). Befinden sich Jugendliche allein unter Erwachsenen, so kann das Gefühl von Machtlosigkeit entstehen und die Ergebnisse des Gesprächs sind vielleicht nur oberflächliche, momentane Anpassungsleistungen an die als Übermacht empfundene Erwachsenenwelt (ebd.).

42 Als ungünstig erweist es sich, wenn nur Fachleute als Unterstützerkreis einbezogen werden.

Einbeziehung und Präsenz der *Polizei* haben mehrere Gründe. Zum einen soll durch die Anwesenheit eines Polizeiangehörigen ein Teil des staatlichen Gemeinwesens verkörpert werden, andererseits ist die Polizei als Symbol der Ernsthaftigkeit der Zusammenkunft zu sehen. Nicht zuletzt kann durch die Anwesenheit eines Polizeivertreters dem Opfer Schutz und Sicherheit vermittelt werden (ebd., S. 309-311).

Die *Mediatoren*, die die Konferenz moderieren, aber nicht auf ein spezifisches Ergebnis hinarbeiten, sichern die Rechte jedes Anwesenden und gleichen die unterschiedlichen Kompetenz- und Sprachniveaus der verschiedenen anwesenden Personen aus. Zudem sollen die Mediatoren jedem Einzelnen „Raum verschaff[en], wichtige persönliche Anliegen zu verbalisieren" (Bergemann 2011, S. 32; vgl. Hagemann 2009b, S. 234).

7.1.1 Vorbereitungsphase

Wie beim Täter-Opfer-Ausgleich beauftragen die Staatsanwaltschaft und das Gericht eine geeignete Organisation, meist einen freien Träger, mit der Durchführung der GMK.[43] Meist handelt es sich um mittelschwere Straftaten, wie räuberische Erpressung, Sachbeschädigung, mittelschwere Körperverletzung, Raub und schwerwiegende Formen von Diebstahl, die als Anlass für eine GMK genommen werden[44]. Für Bagatelldelikte erscheint der Organisationsaufwand zu hoch. Dafür werden einfache Mediationsverfahren durchgeführt.

Der Mediator (bzw. die Mediatoren) kontaktiert zunächst die beschuldigte Person. Erst wenn sich der Täter zu einer aktiven Mitarbeit bereit erklärt hat und dementsprechend Aussicht auf Erfolg der Gemeinschaftskonferenz besteht, wird die geschädigte Person zur Mitarbeit geworben. Nach der grundsätzlichen Mitwirkungsklärung wird den Betroffenen dann in getrennten Vorgesprächen das Verfahren erklärt, deren Erwartungen besprochen und die Suche nach Unterstützungspersonen begonnen (vgl. Hagemann 2008, S. 12; Hagemann 2010, S. 311).

---

43 In der Erprobungsphase nimmt die Justiz Kontakt mit dem Verein Jugendhilfe Pinneberg e. V. auf (vgl. Bergemann 2011; S. 33).

44 Sexualdelikte wurden in der Erprobungsphase des Elmshorner Projektes nicht einbezogen, werden aber nicht per se als ungeeignet für diese Verfahrensweise angesehen.

7.1.2 Konferenz

Die Konferenz an sich kann grob in elf Schritte eingeteilt werden. (1) Zuerst werden alle Anwesenden durch die Mediatoren begrüßt, die Konferenz wird eröffnet und in das Thema der Zusammenkunft eingeführt. Außerdem wird auf die Notwendigkeit der Verschwiegenheit hingewiesen. (2) Danach wird der Polizei das Wort erteilt, um aus Sicht der Strafverfolgung die ermittelte Sachlage zur Tat zu schildern. (3) Darauffolgend bekommt zuerst die beschuldigte Person die Möglichkeit, sich zu den Anschuldigungen zu äußern, ihre Motive und Absichten zu erklären, unbeabsichtigte Folgen des eigenen Handelns darzulegen oder dessen Bewertung im Nachhinein vorzunehmen. Wenn die Tat an dieser Stelle nicht grundsätzlich bestritten wird, kann die GMK fortgesetzt werden, indem (4) die geschädigte Person gebeten wird, ihre Sichtweise des Geschehenen zu erzählen, Ergänzungen zur polizeilichen Stellungnahme vorzunehmen, die Äußerungen des Täters zu kommentieren oder persönliche Folgen der Tat auszuführen. (5) Schließlich können die Unterstützenden und Vertrauten der Hauptakteure – die „caring others" – ihre Wahrnehmungen und Bewertungen der Dinge darstellen. Es geht in dieser Anfangsphase auch um eine „ganzheitliche Würdigung" des Täters, die „auch positive Seiten, wie Engagement und Verdienste", einschließt. Diese Phase kann insgesamt sehr emotional werden und macht es unter Umständen für die Betroffenen besonders schwierig, bestimmte Botschaften aufzunehmen, zu verstehen oder nachzuvollziehen. Deshalb sind die unterstützenden Personen an dieser Stelle besonders wichtig. So kann es sein, dass sich die Unterstützer des Geschädigten vornehmlich mit den Vertrauten des Beschuldigten austauschen, da die direkt Betroffenen zu aufgewühlt sind. Hier wird deutlich, dass in größeren Runden eine Kommunikation über viele Personen laufen kann und die Kommunikationswege verkompliziert werden, da auch *über* die beteiligten Personen gesprochen bzw. für sie Wort ergriffen wird (Hagemann 2010, S. 313).

Wenn danach (6) alle Beteiligten ihre persönlichen Wünsche und Erwartungen geäußert haben, wird die beschuldigte Person mit ihrem Unterstützerkreis (7) in die „Auszeit" entlassen. Dort wird das Gehörte „unter sich" besprochen. Man diskutiert die Ansichten und Erwartungen aller Beteiligten und überlegt, welche Konsequenzen daraus zu ziehen sind.

Die unterschiedlichen Einstellungen, Vorerfahrungen und Fähigkeiten der im Unterstützerkreis versammelten Menschen – die aber dem Beschuldigten nahe stehen – ist die wesentliche Ressource des gesamten Prozesses. Sie haben das Gehörte möglicherweise anders wahrgenommen als der Beschuldigte und können dies jetzt in dessen Sprache „übersetzen". Eine Unterstützerperson des Beschuldigten kann dem Beschuldigten auch Erwartungen des Geschädigten nahebringen, ohne dass er „aus Selbstschutz auf Abwehr oder Rechtfertigung schaltet" (Hagemann 2009a, S. 32). Dem Unterstützerkreis ist klar, dass eine Form der Wiedergutmachung erwartet wird und er erarbeitet dazu einen passenden und umsetzbaren Vorschlag. Auch hier können sich die unterschiedlichen Möglichkeiten der im Kreis Versammelten addieren und ergänzen. Wieder zurück in der großen Gruppe wird (8) den Anwesenden der Lösungsplan vorgestellt. (9) Dazu äußern sich dann die Unterstützer der geschädigten Person sowie die geschädigte Person selbst. Sie können „Nachbesserungen einfordern oder Modifikationen verlangen, sie [können] aber nicht grundsätzlich die ausgestreckte Hand ausschlagen" (Hagemann 2010, S. 314). Es wird solange verhandelt und verändert, bis ein für alle tragbarer Wiedergutmachungsplan steht. Im Plan wird auch festgelegt, welche Personen das Gelingen des Planes (oder Teilen davon) überwachen bzw. begleiten und kontrollieren sollen. Ebenso wird ein Zeitraum bestimmt, in dem die Umsetzung der Übereinkunft abgeschlossen sein soll. (10) Zum Abschluss besiegeln alle Anwesenden die Vereinbarungen mit ihrer Unterschrift und stimmen damit dem Plan endgültig zu. Als letzter Akt im Zuge der GMK werden (11) die gebündelten Informationen und die unterschriebene Übereinkunft von den Mediatoren an die Staatsanwaltschaft und das Gericht übersendet. Nach der Erfüllung des Planes entscheiden die Staatsanwaltschaft und das Gericht über den weiteren Verlauf – z. B. über strafmildernde Umstände oder gar eine Einstellung des Verfahrens[45]. Deshalb ist es auch wichtig, dass die Maßnahmen in einem begrenzten Zeitraum von 3-6 Monaten stattfinden sollten (vgl. Hagemann 2010 und 2008).

7.1.3 Vergleich von Täter-Opfer-Ausgleich und Gemeinschaftskonferenz

In nachfolgender Abbildung werden die kommunikativen Möglichkeiten von Täter-Opfer-Ausgleich und Gemeinschaftskonferenz verglichen. Während im Täter-Opfer-Ausgleich drei Personen miteinander verhandeln, es also drei Kommunikationskanäle gibt, ist in der GMK eine wesentlich komplexere Kommunikation möglich. Bei neun Teilnehmern ergeben sich bereits 36 verschiedene Kommunika-

---

45 Es gibt eine Unterscheidung zwischen „pre-sentencing" Fällen, bei denen die GMK *vor* einer Verhandlung stattfindet und der Ausgang der Zusammenkunft die weiteren Vorgehensweise des Gerichts beeinflusst (wie oben beschrieben) und es gibt die „post-sentencing" Fälle, die *nach* einer Verhandlung und einem Urteil durchgeführt werden. Bei diesen dient eine GMK ergänzend zur Wiederherstellung des sozialen Friedens.

tionskanäle. Dies eröffnet eine, im Vergleich zum Täter-Opfer-Ausgleich, enorme Perspektiven- und Interaktionsvielfalt.

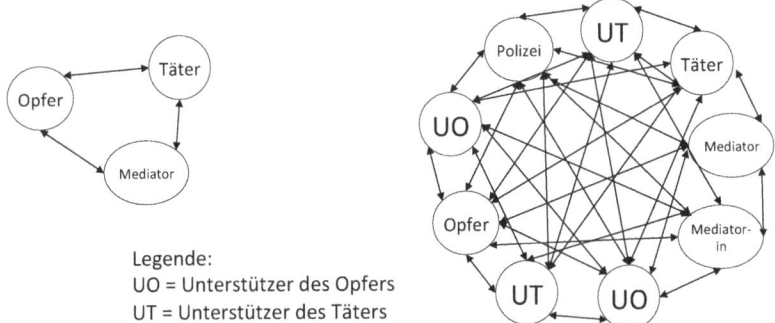

Legende:
UO = Unterstützer des Opfers
UT = Unterstützer des Täters

Abb. 7 Vergleich der Struktur von Täter-Opfer-Ausgleich und Gemeinschaftskonferenz

Hagemann macht diesbezüglich deutlich, dass ein Täter-Opfer-Ausgleich dann als sinnvoll angesehen werden kann, wenn „genuin individuelle Konflikte" vorliegen. Die GMK hingegen dann sinnvoll ist, wenn „die Hauptakteure […] mehr oder weniger (tatsächlich oder vermeintlich) stellvertretend für ihre soziale Gruppe handeln" (Hagemann 2010, S. 315).

7.1.4 Beispiel einer Gemeinschaftskonferenz

Im folgenden Abschnitt wird eine Gemeinschaftskonferenz von Sophia Bergemann geschildert, die während der Erprobungsphase des Elmshorner Projektes organisiert wurde (Bergemann 2011, S. 53). Der Ablauf dieser Konferenz wurde von Bergemann bereits zusammengefasst wiedergegeben und ist von uns noch einmal verkürzt worden. Er basiert auf den wissenschaftlichen Beobachtungen, die während des Ablaufes dieser GMK gemacht wurden sowie auf der sich anschließenden Analyse. Sensible Daten, Ortsangaben und Namen wurden bereits bei der Verschriftlichung der Beobachtungen anonymisiert, so dass uns keine Namen und Orte bekannt sind.

Zwischen einigen Jugendlichen kommt es zu einer Schlägerei auf einem Parkdeck, die für einen der Beteiligten mit einer aufgeplatzten Oberlippe, blutender Nase und einem abgebrochenen Schneidezahn endet. Einer der beiden Beschuldigten ist geständig, der andere streitet die Tat ab. Es kommt schließlich zu einer GMK, bei der neun männliche Personen teilnehmen (Beschuldigte, Geschädigter, Unterstützer) sowie ein Polizist, zwei Mediatoren und eine wissenschaftlich beobachtende Person. Da zwei Teilnehmende minderjährig sind, sind deren beider Väter einbezogen worden.

Im ersten Teil der Konferenz schildern die Beschuldigten und der Geschädigte den Tathergang. Der Geschädigte macht klar, wie wichtig es ihm sei, die wahren Begebenheiten der Tat herauszufinden, die Wahrheit solle ans Licht kommen. Aber auch den Tätern ist daran gelegen, die Verursachungszusammenhänge zu klären. Im Verlauf der Zusammenkunft werden beidseitig Vorwürfe laut, die sich sowohl auf den Tathergang als auch darauf beziehen, wie im Nachhinein mit dem Geschehnis umgegangen wird. Die Anspannung nimmt bei allen Beteiligten zu, alle reden durcheinander und es kommt ans Licht, wie gereizt die komplette Beziehung zwischen den Familien eines Beschuldigten und des Geschädigten ist. Die Mediatoren richten die GMK mit Mühe wieder auf das Ausgangsproblem aus. Aber nach einer Weile erhitzt sich das Gespräch erneut. Stimmen werden erhoben, man fällt sich ins Wort und der Vater des Geschädigten droht mit dem Abbruch der Verhandlungen. Wieder schaffen es die Mediatoren, die Wogen zu glätten und die GMK auf eine Lösungssuche zu fokussieren.

In der Auszeit wird, zur Verwirrung der Mediatoren, der dafür vorgesehene Besprechungsraum nicht genutzt. Stattdessen beraten die Beschuldigten, ihre Unterstützer und ein Freund des Geschädigten auf offener Straße vor der Tür. Sie kommen zu einem Plan, der dann vorgestellt wird und allen Beteiligten akzeptabel erscheint. So verläuft der Rest der GKM relativ harmonisch.

Die Konferenz war bis zur Auszeit von Vorwürfen, Anspannung und schwer steuerbaren Dynamiken gezeichnet. Dennoch haben die Versammelten aus eigener Kraft einen Plan geschmiedet und sich miteinander einigen können. Die Zufriedenheit mit diesem Ergebnis prägte die zweite, harmonischere Phase der GMK. Am Schluss sagten alle wie zufrieden sie damit seien, dass es diese Zusammenkunft gegeben hätte.

An diesem Beispiel ist gut zu erkennen, dass GMK nicht gradlinig verlaufen müssen, um erfolgreich zu sein. Gerade die Dynamik der emotionalen Auseinandersetzung sorgte dafür, dass nicht nur eine oberflächliche, das Justizsystem befriedigende Regelung erfolgte, sondern dass sich zwei zerstrittene Familien verstanden und verständigten. Insofern ist das aus externer rechtlicher Verwaltungssicht unnötige, antagonistische Hin und Her vielleicht das Wertvollste und Nachhaltige der Zusammenkunft gewesen.

7.2 Sozialnetzkonferenz

Sozialnetz-Konferenzen werden seit 2012 in Wien, in der Steiermark, Oberösterreich und in Kärnten durch den Trägerverein „Neustart" erprobt. In ihrer Struktur ähneln sie den GMK. Im Falle der Sozialnetz-Konferenzen geht es um Jugendliche (14-18 Jahre) und junge Erwachsene (18-21 Jahre), die vom Jugendgericht strafrechtlich verurteilt wurden, unter Bewährung stehen oder in Untersuchungshaft sitzen. Durch die Sozialnetz-Konferenz sollen Ressourcen aus dem „sozialen Netz" gefunden werden, um die jungen Menschen in diesen schwierigen, kritischen Lebensphasen zu unterstützen und zu begleiten. Es gibt verschiedene Varianten dieser Konferenzen, die je nach anliegendem Problem realisiert werden.

- In „Sorgekonferenzen" werden Schulprobleme, Hilfe bei Ausbildung und Arbeitssuche, Suchtproblematiken und Unterbringungsfragen bearbeitet. Mit Hilfe des sozialen Netzes sollen Entscheidung gefällt und Unterstützungsmöglichkeiten gefunden werden.
- In „Wiedergutmachungskonferenzen" geht es, wie bei den Gemeinschaftskonferenzen, um die Bearbeitung von Tatfolgen, Verantwortungsübernahme des Täters, Wiedergutmachung und (Wieder-)Herstellung sozialen Friedens unter Mithilfe des Netzwerks.
- „Haftentlassungskonferenzen" werden *vor* Haftentlassungen durchgeführt und sollen bei der Integration in den Wohn- und Arbeitsmarkt unterstützen.
- „Entlassungskonferenzen bei Untersuchungshaft" werden innerhalb von zwei Wochen nach Beginn der U-Haft einberufen, um einen Haftantritt durch ein günstiges Konferenzergebnis zu verhindern (vgl. Neustart 2014a und 2014b, S. 10-13).

Die Sozialnetz-Konferenzen sind sozusagen im Vorhinein mit einem differenzierten Auftrag und einem eindeutigen Ziel versehen, müssen aber den Beteiligten noch Spielraum für eine eigene Lösung innerhalb dieses offiziell bestimmten Rahmens lassen. Sie finden für die jungen Täter in einer besonderen Situation statt und bieten den Verwandten, Bekannten und Freunden die Möglichkeit, Einfluss auf die Entscheidungen der Justiz zu nehmen, indem Verantwortung für Weiterentwicklung des jungen Menschen übernommen wird. Zur Veranschaulichung soll hier das Beispiel einer Haftentlassungskonferenz dienen.

7.3 Beispiel einer Sozialnetz-Konferenz

Alexander (21-jährig) hat vor seinem zehnmonatigen Haftantritt wegen schwerer Körperverletzung bereits fünf Vorstrafen gehabt. Schule und Lehre hatte er nach der ersten Verurteilung abgebrochen. Alexanders Bewährungshelferin hat die Sorge, es werde ihm nach seiner Haftentlassung nicht gelingen, eine Arbeit zu finden. Daraufhin wird eine Sozialnetz-Konferenz einberufen. Seine Eltern, seine Geschwister (Schwester und Bruder) und zwei Freunde wählt Alexander für seine Konferenz aus. Alle, bis auf einen der zwei Freunde, kommen. Zu Beginn kochen Emotionen hoch, die auf alten Ereignissen basieren und auf allen Anwesenden lasten. Trotz allem aber wird in der Ressourcenrunde deutlich, „dass Alexander für fähig gehalten wird, seine Probleme zu lösen": In der „gemeinsamen Zeit" zum Erarbeiten des „Wie-es-weitergehen-soll-Planes" wird festgehalten, wie die nächsten Schritten aussehen:

- Die Vereinbarung für ein Erstgespräch mit dem Arbeitsmarktservice wird vom Vater unterstützt.
- Bei dem Verfassen von Bewerbung wird der Bruder helfen.
- Die Mutter will sich darüber informieren, wie Alexander den Führerschein bekommen kann.
- Sein Freund bringt bei einem Bekannten in Erfahrung, wie es um eine Lehre stünde.

Drei Monate später findet die „Folgekonferenz" statt. Alexander hat zu dem Zeitpunkt zwar noch keinen Ausbildungsplatz gefunden, dafür aber 35 Bewerbungen geschrieben, wurde zu einigen Vorstellungsgesprächen eingeladen und hat drei Schnupperpraktika gemacht. Die Unterstützung seiner Verwandten und seines Freundes hilft Alexander, weiterhin motiviert zu bleiben und mit der Suche nach seiner Lehrstelle nicht aufzugeben. Außerdem wird nach der Folgekonferenz bekannt, dass Alexander jetzt den Führerschein hat (vgl. Neustart 2014b, S. 12).

An diesem Beispiel erkennt man, wie Sozialnetz-Konferenzen den Verbindungen von jungen Menschen mit ihrem Netzwerk nutzen und diese intensivieren können, so dass auch unabhängig vom Arbeitsmarkterfolg, der von äußeren, schwer zu beeinflussenden Faktoren abhängig ist, eine stärkende soziale Substanz entsteht, die mobilisierend für alle Beteiligten wirkt. Das Unterstützungsprojekt wird zur gemeinsamen Unternehmung, die in jedem Falle Beziehungen, Kooperationen und Wir-Gefühl intensiviert.

7.4 Die Ziele von Gemeinschafts- und Sozialnetzkonferenzen

Sozialnetz-Konferenzen

Neben der systematischen Aktivierung des sozialen Umfeldes von Jugendlichen gilt es, Lösungen für aktuelle Probleme zu finden. Wenn das soziale Netz junge Menschen unterstützt, erfahren sie Bestärkung und Motivation. Aus Fehlern soll gelernt und gleichzeitig ein Zukunftsplan entwickelt werden. Das kann dazu führen, dass „bei gelungenen Plänen und Reduzierung des Rückfallrisikos (...) die Zielgruppe auch eine bessere Akzeptanz in der Gesellschaft" erfährt (Neustart 2014a, S. 3). Wichtig ist, dass Gericht, Staatsanwaltschaft, Bewährungshilfe und Jugendgerichtshilfe die Sozialnetz-Konferenz mittragen. Auf lange Sicht sollen Rückfälle vermieden und somit Kosten für Haftaufenthalte eingespart werden.

Gemeinschaftskonferenzen

Das primäre Ziel dieser Konferenzen ist das Erreichen einer „Win-win-Lösung", die zur Zufriedenheit beider Parteien führt, auch wenn das denkbare Optimum nicht vollends erreicht wird und Kompromisse einzugehen sind. Durch „zukunftsorientiertes Denken" soll eine Lösung im Prozess entstehen, die von allen mitgestaltet wurde (vgl. Hagemann 2009b, S. 234; vgl. Bergemann 2011, S. 29). Ein weiteres, nicht immer erreichbares Ziel ist, dass die beschuldigte Person im Beisein ihrer Unterstützer ihre Verantwortung einsieht. Dabei soll „konstruktiv konfrontative Pädagogik", die nicht maßregelt, sondern sich in empathischer Weise auf Inhalte konzentriert, dem Beschuldigten helfen, Verantwortung zu übernehmen, um dem Schaden „Rechnung zu tragen" (Bergemann 2011, S. 30). Gemeinschaftskonferenzen können aber darüber hinaus noch wunderbare soziale Nebenwirkungen haben, wenn der wechselseitige Austausch den Teilnehmenden Einblicke in verschiedene Lebenswelten und Perspektiven eröffnet. So erweitern sich der eigene Horizont und die Kompetenz, Handlungsweisen anderer in einem neuen Licht zu sehen. Im besten Fall entsteht ein horizontverschmelzendes Verständnis für das Handeln, für die Lebenslage und für die Emotionen des anderen. So haben GMK präventive Wirkungen: Die Erfahrungen der GMK und der moderierte, kommunikative Umgang mit Konflikten können in den eigenen Alltag transferiert werden.

Mit dem Einbezug des Beschuldigten soll auch – was ebenso wichtig ist – eine Kriminalprävention stattfinden und weiteren Straftaten entgegen gewirkt werden. Die beschuldigten Personen sollen „Einsicht in ihr Fehlverhalten bekommen und durch diese Form des Umgangs mit ihrem Handeln effektiv und nachhaltig lernen" (Bergemann 2011, S. 29f). Gesellschaftlich gesehen sollen Gemeinschaftskonferenzen

Gemeinschaft herstellen. Die in der Problembearbeitung erzeugten Verbindungen zwischen Menschen kann man aus der Vogelperspektive als „community building" begreifen: „Soziale Kohäsion ist in einer auseinander driftenden Gesellschaft ein Ziel der Konfliktbearbeitung. In diesem Sinne ist *sozialer Frieden*, der Partizipation und Gerechtigkeit fokussiert, umfassender als *Rechtsfrieden*, der durch die richtige Anwendung staatlicher Normen eintritt" (Hagemann 2009a, S. 29, Hervorhebungen durch Autoren).

Verhandlungen im Kreis: Talking Circles, Friedenszirkel und Soziokratie

8

„The circle is a potent symbol. Its shape implies community,
connection, inclusion, fairness, equality and wholeness."[46]
(Costello/Wachtel/Wachtel 2010: 5)

8.1 Zwei Kontrastbeispiele

Wir beginnen mit zwei Beispielen. Der elfjährige Dennis sitzt mit zwei Fachkräften und seiner Mutter in einem Hilfeplangespräch. Die Mitarbeiterin des Jugendamts begrüßt die Anwesenden, man stellt sich noch einmal kurz vor und dann spricht sie darüber, dass Dennis die Schule schwänzt und dort durch ein unangepasstes Verhalten und schlechte Leistungen auffällt. Hinzu kommen diverse Ladendiebstähle. Die Mutter, die sich bemühte, Dennis Grenzen zu setzen, wurde der Sache nicht mehr Herr und hat sich auf Druck der Schule an das Jugendamt gewandt. Auch ihr Erziehungsstil wird besprochen. Dann werden Veränderungsziele festgelegt: eine geregelte Tagesstruktur soll helfen, dass Dennis kontinuierlich Schulaufgaben macht. Dazu gehören ein Hortbesuch und wöchentliche Nachhilfestunden. Keine Fehltage mehr in der Schule und eine Verbesserung der Noten sind weitere Ziele. Damit die Mutter das durchsetzen kann, wird sie ein Erziehungstraining absolvieren, jede Woche ein Telefonat mit dem Klassenlehrer führen und jeden Abend mit Dennis die Liste seiner Verfehlungen und Erfolge ruhig und methodisch durchgehen.

Beim Stamm der Lakota gibt es auch einen jungen Mann, der Schwierigkeiten macht. Er wurde gesehen, wie er Autos und Lastwagen auf dem Parkplatz beschädigte. Auch er nimmt es mit der Schule nicht genau, schwänzt und hat schlechte

---

46 „Der Kreisprozess ist ein wirksames Symbol. Seine Form bedeutet Gemeinschaft, Verbindung, Inklusion, Fairness, Gleichwertigkeit und Ganzheitlichkeit." (Übersetzung der Aut.)

Noten. An einem Abend wird deswegen das ganze Dorf zusammengerufen. Alle setzen sich in einen großen Kreis. Der Vater des Jungen schreitet mit seinem Sohn in die Mitte des Kreises und schließt sich dann wieder den anderen Erwachsenen an. Dann beginnt er als erster zu sprechen: „Du bist unser Erstgeborener. Deine Mutter und ich haben uns gefreut, als wir das erste Mal deine Bewegungen im Mutterleib spürten. Wir rannten von Haus zu Haus und erzählten den Leuten, wie stark du warst. Und stark bist du auch geblieben. Schon dein erster Schrei war so laut, dass die Hebamme sich die Ohren zugehalten hat. Wir waren stolz. Du hast uns glücklich gemacht. Deine ersten Schritte – wie du in die Pfütze gefallen bist – der Ausdruck auf deinem Gesicht! Wie haben wir gelacht." Der Vater fährt noch einige Zeit fort, Erinnerungen aus dem Leben seines Sohnes zu erzählen. Kein Wort der Kritik. Seine Aufgabe besteht darin, den jungen Mann daran zu erinnern, was er seiner Familie und seinem Volk bedeutet. Als der Vater fertig ist, führt der Onkel die Geschichten weiter. Darauf folgen Großmutter und Großvater, die Mutter und andere. Bis all ihre Geschichten erzählt sind, dauert es lange. Zum Schluss redet der Häuptling. Sein Thema ist das gleiche: der Stolz und die Freude, welcher dieser junge Mann dem Volk der Lakota gebracht hat, den Lebenden, den Verstorbenen und den noch nicht Geborenen. Wie alle früheren Sprecher erwähnt er nie die Diebstähle und die böswilligen Zerstörungen, die Schande und den Ärger. All das bleibt ungesagt und wird auch nicht angedeutet. Danach schweigt der Kreis eine Weile, alle schauen auf den jungen Mann in der Mitte und dann verschwinden sie wortlos in die Dunkelheit der Nacht (erzählt nach Eliott 1999).

8.2 Begriff und Herkunft

Im zweiten Beispiel wird der restaurative Gedanke der Friedenszirkel deutlich, der im Folgenden ausgeführt wird. Für „Friedenszirkel" sind in der Fachszene recht unterschiedliche Bezeichnungen im Gebrauch: „Circle Process" bzw. „Kreisprozess", „Heilzirkel", „Circle", „Peacemaking Circle" oder einfach „Zirkel". Obgleich die verschiedenen Begriffe unterschiedliche Akzente setzen, verwenden wir sie im Text synonym, weil es uns mehr darauf ankommt, das Gemeinsame der Kreisprozesse herauszuarbeiten, das sich von vielen eingeführten Beratungs- und Therapiesettings unterscheidet.

Der Ursprung liegt in den Kulturen indigener Stämme, die sich im Kreis zusammensetzten, um eine Gemeinschaft zum Besprechen von Problemen zu schaffen. Früher saßen Menschen vielleicht um ein Feuer herum und besprachen wichtige Anliegen, später um einen Küchentisch[47]. Daneben nimmt sich ein modernes Hilfeplangespräch wie in Dennis' Fall (s. o.) steril und zweckbezogen aus. Die Frage dieses Kapitels ist nicht so sehr, ob der Kreisprozess oder die sachliche Zielfestlegung die erfolgreichere Methodik ist, um den jungen Mann auf Kurs zu bringen. Vielmehr gilt es zu untersuchen, welche Hilfepotentiale in dem traditionalen Kreisverfahren stecken, die im modernen Verwaltungsverfahren weggefallen sind und ob diese traditionalen Elemente – sollte es überzeugende Argumente für ihren sozialen Sinn geben – sich wieder in das moderne Verfahren integrieren lassen – mit dem Ziel, beides, die Emotionalität und Kollektivität des Traditionalen und die Berechenbarkeit und Transparenz des Modernen, synergetisch zu verbinden. Kreisprozesse sind typisch für indigene Kulturen. Ihre Initiatoren wurden früher als „Peacemaker" bezeichnet, ein Begriff der mittlerweile zu spezifisch ist, weil Zirkel in ganz unterschiedlichen Kontexten angewandt werden. Stattdessen wird der neutralere Begriff „Keeper" verwendet und als „Hüter des Kreises" oder „Kreiswächter" übersetzt. An anderer Stelle wird derjenige, der dem Prozess eine Struktur gibt und ihn initiiert, auch als Facilitator (Moderator) bezeichnet (vgl. Wachtel 2009; vgl. Pranis 2005, S. 7; vgl. Thoß und Weitekamp 2012, S. 90; vgl. McCold 2008, S. 27; vgl. Costello et al. 2009, S. 5).

8.3 Die Kreisform

Kommen wir auf die Kreisform zu sprechen. Sie spielt nicht nur als Sitzordnung eine Rolle. Die Circlekeeper Harold und Phil Gatensby – zwei First-Nation-People vom Stamm der Tlingit[48] – interpretieren die Kreisform viel weiter. Die Kreisform spiele in der Natur eine wesentliche Rolle, wie bei Sonne, Erde, Mond und anderen Gestirnen, Tornados, Strudeln, Tiernestern und vielem anderen. Da der Mensch ein Teil der Natur ist, könne man die Form auch auf ihn übertragen und folglich meinen: „[...] the circle is the fundamental geometry of open human communication. A circle has no head or foot, no high or low, no sides to take; in a circle, people can simply be with each other – face to face"[49] (Owen 2008, S. 5). Keine Hierarchie impliziert, dass alle Teile gleichbedeutend sind und jedes Teil seine Berechtigung

---

47 Auch heute ist die Sitzordnung im Kreis bei hochrangigen Verhandlungen (z. B. bei der Uno) noch üblich.
48 White Horse, Kanada.
49 „...der Kreis ist die fundamentale Form aufrichtiger, menschlicher Kommunikation. Ein Kreis hat weder Kopf noch Fuß, oben oder unten, keine Seite, zu der man sich bekennen

hat – wie es in einem Kreis der Fall ist. Mit dem „Medicine Wheel" erklären die Gatensbys, inwiefern Kreis und Vierteilung miteinander verwoben sind:

Abb. 8 Indianisches Medicine Wheel, Medizinrad aus einem Reif mit vier Speichen, als Sinnbild für die physischen, emotionalen, seelischen, geistigen und sozialen Bedürfnisse des Menschen.

Das Medicine Wheel ist Sinnbild für die physischen, emotionalen, seelischen, geistigen und sozialen Bedürfnisse des Menschen. Die Gemeinschaft ist wesentlich zur Befriedigung der menschlichen Bedürfnisse und beim Kreisprozess wird die Gemeinschaft versammelt, um sich mit den Bedürfnissen von Einzelnen oder Gruppen zu beschäftigen. Es wird von der Vorstellung ausgegangen, dass Lebewesen miteinander verbunden sind und somit auch das Bedürfnis haben, in guter Beziehung zueinander zu stehen. Einzelne und die Gemeinschaft tragen zusammen Verantwortung dafür, wie verletzte Beziehungen wieder hergestellt werden können und wie Heilungsprozesse angestoßen werden (vgl. Pranis 2005, S. 25f).

muss. In einem Kreis können Menschen einfach miteinander sein – von Angesicht zu Angesicht." (Übersetzung der Aut.)

8.4 Friedenszirkel in modernen Kontexten

Die Anwendung von Zirkeln außerhalb indigener Kulturen ist noch recht neu. Erst in den 1990er Jahren wurden sie in *Strafprozesse* in Yukon, Kanada übernommen. Mittlerweile werden dort Kreisprozesse in Nachbarschaften, Schulen, an Arbeitsplätzen und zur Unterstützung von sozialen Diensten verwendet (vgl. Pranis 2005, S. 4-8). Ein Circle versucht, auf viele Fragen Antworten zu finden und viele der Fragen mit aufrichtiger Ehrlichkeit zu bearbeiten. Die Fragen beziehen sich nicht nur auf die unmittelbare Beziehung zwischen Opfer und Täter, sondern führen viel weiter:

Was kann getan werden, um den unmittelbaren Schaden auszugleichen und weitere Verletzungen zu verhindern? Welche Wunden und Umstände der Vergangenheit und Gegenwart hindern uns an einer gesunden Beziehung – sowohl zu uns selbst als auch zu anderen? Welche Schritte können wir gehen, um diese Wunden zu heilen? (vgl. Pranis et al. 2003, S. 11)

In einem Zirkel kommen Menschen zu einem Austausch zusammen, der schmerzvolle Ereignisse aufgreift und schwierige Verhältnisse in einer respektvollen Atmosphäre zu klären versucht. Die Teilnehmenden haben dabei den gleichen Status, keiner ist dem anderen unter- oder überstellt. „Die Pyramide der Macht wird durch einen Kreis der Gleichheit ersetzt. Dienstgrad, Status und Titel werden abgelegt" (Thoß und Weitekamp 2012, S. 110). Die Philosophie der Zirkel besteht darin, dass der Schaden einzelner immer auch der Schaden aller ist und die Hilfe, die anderen gegeben wird, auch den Helfenden hilft: „Harm to one is harm to all. Good for one is good for all"[50] (Pranis 2005, S. 26). Zirkel versuchen das, was nicht nur dem Opfer, sondern auch der Gemeinschaft angetan wurde, zu heilen und für alle so gut es geht, wieder gut zu machen.

Ein Zirkel kann die richtige Methode sein, wenn eine Straftat vorliegt oder andere Verletzungen entstanden sind. Zirkel bieten sich aber auch an, wenn Meinungsverschiedenheiten vorliegen oder wenn viele Menschen gemeinsam Entscheidungen treffen müssen, als Team zusammenarbeiten sollen oder um von anderen zu lernen (vgl. Restorative Justice Council 2011, S. 26; vgl. Pranis 2005, S. 6ff). In Costellos und Wachtels Buch „Restorative Circles in Schools" beschreibt ein Lehrer, der diese Form des Austausches in Klassen testete, seine Erfahrungen und zieht folgenden Schluss: „Ohne mein Zutun bekam der Kreis eine sehr persönliche Ebene. Es ging nicht nur um die Sache an sich, sondern die Schüler nutzten den Kreis, um Antworten zu finden. [...] Der Kreisprozess mündete in eine der interaktivsten

---

50 Schaden am Einzelnen ist Schaden an allen. Gutes für den Einzelnen ist Gutes für alle. (Übersetzung der Aut.)

und aufmerksamsten Unterrichtsstunden, die ich erlebt habe" (vgl. Costello et al. 2010, S. 24ff). Das Beispiel zeigt, dass Circles auch jenseits ihres ersten modernen Anwendungsbereichs, dem Strafrecht, angewandt werden können. Die „Soziokratie" (s. u.) zum Beispiel nutzt Zirkel, um Organisationen zu steuern. Doch zunächst sollen die ‚klassischen' Elemente der Zirkel besprochen werden.

8.5 Zur Methodik von Friedenszirkeln

Circle-Keeper

Der Keeper als Organisator und Wächter des Kreises hat zwar vor allem strukturierende Aufgaben, er muss aber keine neutrale Position einnehmen, sondern kann seine Gedanken und Geschichten einbringen. Sein Anteil sollte jedoch nicht zu groß sein, da er vorrangig ein Beobachter der Gruppe ist und die anderen darauf aufmerksam machen soll, wenn sie die Regeln nicht einhalten. Bevor ein Zirkel stattfinden kann, gilt es abzusprechen, wer anwesend sein soll. Dazu muss der Keeper Kontakt mit vielen Personen aufnehmen, diese einladen und nach ihren Vorstellungen befragen. Der Keeper erläutert, wie der Zirkel verläuft und er arbeitet schon im Vorfeld die Bedürfnisse der Hauptpersonen mit diesen heraus. Er bringt allen Beteiligten gleichermaßen Wertschätzung entgegen. Wenn das Treffen beginnt, obliegt es dem Keeper, die Regeln des Zirkels und den Grund des Zusammentreffens darzustellen und dann in die Vorstellungsrunde überzuleiten. Durch sie soll sichergestellt werden, dass allen Teilnehmenden klar ist, wer ihnen gegenüber sitzt. Für den Keeper gilt genauso wie für alle anderen, dass er nur reden darf, wenn er das Talking-Piece hat (s. u.). Durch gezielte Fragen oder Themenvorschläge regt er die Reflexion der Anwesenden an und kann so neue Runden eröffnen.[51] Trotz der Möglichkeit, sich inhaltlich einbringen zu können, gehört es nicht zum Aufgabenfeld des Keepers, an einer Lösung mitzuarbeiten, sondern er sorgt in erster Linie für den gemeinsamen Raum, der den Teilnehmenden Sicherheit bietet, respektvollen Umgang miteinander ermöglicht und jeden

---

51 Im Restorative Circle-Ansatz nach Dominic Barter (Barter etablierte Restorative Circles zwischen Polizei, Gangs und Anwohnern Mitte der 1990er Jahre in Favelas in Brasilien), der sich die Gewaltfreie Kommunikation (Marshall Rosenberg) zur Grundlage in diesem Verfahren gemacht hat, kommt dem Facilitator nicht nur die strukturierende Aufgabe zu. Ebenso kann er bewusst entscheiden, wer in welchem Augenblick sprechen darf. Dazu schätzt er ein, wessen Bedürfnis danach besonders stark ist (vgl. Westphal 2010, S. 11; Gillinson et al. 2010, S. 41).

8.5 Zur Methodik von Friedenszirkeln

einzelnen unterstützt, Verantwortung zu übernehmen (vgl. Pranis 2005, S. 12, 36f; vgl. Thoß und Weitekamp 2012, S. 101-107).

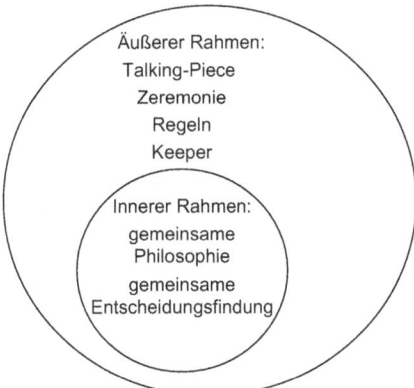

Abb. 9 Elemente des Kreisprozesses

Die Zeremonie

Die Zeremonie stellt gewissermaßen den Rahmen des Circles dar. Meist findet sie zu Beginn und am Schluss eines Zirkels statt und eröffnet bzw. schließt das Zusammentreffen, markiert ihn als „heiligen" (Pranis 2005, S. 12) Ort. Dabei ist es ganz egal, wie die Zeremonie aussieht. Ob sie beispielsweise ein Gedicht, ein Lied, ein Gebet, ein Tanz oder ein Spruch ist, hängt von der jeweiligen Gruppe und ebenso von ihrer kulturellen Herkunft ab. Wichtig ist, dass „jeder die Bedeutung dahinter versteht und sich damit wohl fühlt" (Thoß und Weitekamp 2012, S. 103). Die Zeremonie soll allen Beteiligten als Angebot dienen, Alltagsmasken fallen zu lassen und Distanzen zu überwinden, die als Schutz aufgebaut wurden. Es können auch Fragen sein, die Gefühle, Wünsche, Erlebtes o. ä. ansprechen oder das Sprechen über diese explizit einfordern. Diese sollten im Zusammenhang mit dem nachfolgenden zu besprechenden Thema stehen und zur Gruppenkonstellation passen. Mit diesem offiziellen Einstieg können sich die Teilnehmenden zunächst auf sich konzentrieren, schlechte Energie oder Stress hinter sich lassen. Mit diesem Start kann Optimismus entstehen und wertgeschätzt werden, dass die Anwesenden zusammengekommen sind. Das gemeinsame Erleben der Zeremonie kann die Teilnehmenden ahnen lassen, dass alle miteinander verbunden sind und es entsteht langsam ein Gemeinschaftsgefühl. Nicht zuletzt kann die Zeremonie bestärken und dazu ermutigen, eigene Gefühle und Gedanken während des Zirkels einzubringen (vgl. Thoß und Weitekamp 2012, S. 103; vgl. Pranis 2005, S. 33; vgl. Costello et al. 2010, S. 38).

Die Regeln

Die Regeln des Zirkels sollten für alle Anwesenden akzeptierbar sein: Vertraulichkeit, respektvolles Zuhören, respektvolles Sprechen, Ehrlichkeit und die durch das Talking-Piece vorgegebene Redeordnung. Jeder Zirkel kann zusätzlich vorher gemeinsam noch weitere Regeln vereinbaren und gegebenenfalls während der Versammlung weiterentwickeln. Durch das Befragen jedes Einzelnen nach seinen Erwartungen entstehen die Regeln, die ausdrücken, was von *allen* Anwesenden erwartet wird (vgl. Pranis 2005, S. 34f). Anderseits vermitteln Circles an sich bereits Werte und wichtige Ideen:

- *Gleichwertigkeit*, die durch die gleichgestellte Sitzordnung im Kreis ausgedrückt wird.
- *Sicherheit und Vertrauen*, die dadurch beginnen, dass sich alle sehen können.
- *Verantwortung*, denn jeder Einzelne bekommt die Möglichkeit, bei der Lösung eine Rolle zu spielen.
- *Gemeinsamer Besitz*, denn es entsteht bei den Teilnehmern das Gefühl, dass der Kreis ihnen gehört.
- *Verbindungen*, die entstehen, wenn jeder jeden anhört. (Costello et al. 2010, S. 22-25)

Das Talking-Piece

Das Talking-Piece ist ein Objekt, das herumgereicht wird und demjenigen, der es hält, das Wort gibt (vgl. Pranis 2005, S. 3). Es wird der Reihe nach im Kreis herumgegeben, so dass nach und nach jeder die Möglichkeit bekommt, seine Gefühle und Gedanken auszusprechen.[52] Während das Talking-Piece gehalten wird, gilt dem Redner die ungeteilte Aufmerksamkeit und er hat die Sicherheit, nicht unterbrochen zu werden. Das Talking-Piece muss ein sorgsam ausgewähltes Symbol sein, das

---

52 Es gibt verschiedene Formen, wie das Talking-Piece im Kreis wandern kann. Es muss nicht immer der Reihe nach sein, sondern kann in anderen Formen auch nach Beendigung des Redebeitrages in der Mitte abgelegt werden, wo es sich ein Nachredner nehmen kann. Wichtig ist bei jeder Form des Herumreichens nur, dass die Regel für alle klar ist (vgl. Costello et al. 2010, S. 36).

für die Gruppe Bedeutung hat, wenn es eine Atmosphäre des intensiven Zuhörens schaffen soll. Pausen während des Redens, um Worte zu finden oder Gedanken zu sortieren, sind üblich. Die Zeit wird allein durch den Kreis bestimmt und nicht von außen. Das Talking-Piece kann auch weitergereicht werden, ohne eigene Gedanken zu äußern. Das, was die Personen im Circle erzählen, wird als Storytelling, also als Geschichten-Erzählen, bezeichnet. Diese Geschichten sind persönlich und begünstigen, dass eine vertrauensvolle Atmosphäre geschaffen werden kann. Öffnen sich die Personen im Kreis und erzählen ihre individuelle Geschichte, können bei den anderen Bilder entstehen, Anknüpfungspunkte und Verbindungen, die zunächst nicht existierten. Sie eröffnen die Möglichkeit, gemeinsame Ebenen zu finden. Durch das Storytelling können direkt oder implizit Gefühle ausgedrückt, Verletzungen angesprochen und Wünsche artikuliert werden. Das respektvolle Zuhören und die Sicherheit, angehört zu werden, ohne eine Unterbrechung erwarten zu müssen und ohne gehetzt zu werden, bestärkt die Teilnehmenden (vgl. Costello et al. 2010, S. 36f).

Die gemeinsame Entscheidungsfindung

„Consensus gives power to everyone" schreibt Kay Pranis (2005, S. 38). Durch das gemeinsame Erarbeiten eines Aktionsplanes, bei dem jede Person ihre Ideen und Wünsche einbringen kann, ist die Sicherheit gegeben, dass niemand vergessen wird. So gut wie möglich werden die Interessen jedes Einzelnen berücksichtigt und in den Plan mit einbezogen. Es geht nicht darum, am Ende voller Enthusiasmus für den Plan zu stimmen, sondern die Lösung mittragen zu wollen, die deswegen für alle klar und akzeptabel sein muss. Solange eine teilnehmende Person noch unzufrieden ist oder sich mit seinen Vorschlägen nicht ausreichend beachtet fühlt, kann der Plan nicht beschlossen werden. Der Kreisdiskurs wird solange weitergeführt, bis sich alle genügend einbezogen fühlen und jeder mit der Entscheidung leben kann. Wichtig ist also, dass die endgültige Entscheidung jeden Teilnehmenden in einem gewissen Maße widerspiegelt und repräsentiert, andernfalls ist der gemeinsam angestrebte Konsens nicht erreicht (vgl. Pranis 2005, S. 37ff).

Ein Circle kann unter Umständen einige Stunden dauern. Wichtig ist es daher, schon zu Beginn Pausen festzulegen und sie auch einzuhalten. Pausen sind nicht nur zur Erholung nötig, sondern helfen jedem, das Gehörte zu überdenken, Gefühle zu beruhigen oder Begegnungen außerhalb des Zirkels zu machen (vgl. Thoß und Weitekamp 2012, S. 104).

In einem Circle bekommt jeder gleich viel Raum, jeder ist mit seiner Geschichte, seinen Erkenntnissen, Erfahrungen und Emotionen wichtig und nötig, um eine gemeinsame Lösung erarbeiten zu können. Völlig unabhängig ist dabei, welches Alter diejenige Person hat, welches Geschlecht, welchen beruflichen Status oder ähnliches. Ein Zirkel ist damit der Versuch, eine „soziokratische" (s. u.) Situation zu schaffen, aus der niemand herausfällt. Das geht soweit, dass sogar die Rollen von Opfer, Täter und auch Gemeinschaft in den Hintergrund treten. Dennoch kommen alle, die vom Konflikt unmittelbar und mittelbar betroffen sind, im Kreisprozess zu Wort. So wird der Konflikt mit all seiner Komplexität respektiert und angehört, ohne eine Seite zu bevorteilen oder ihr mehr Aufmerksamkeit zu schenken. Jeder Einzelne ist beteiligt, dennoch liegt das erste Interesse auf den Bedürfnissen der Opfer, schreibt Pranis. In erster Linie sind *sie* diejenigen, die verletzt wurden. Viele Opfer fühlen sich im Circle durch die vorhandene Unterstützung ihrer Familien oder der Gemeinschaft nicht mehr mit ihrem Schmerz allein gelassen und fühlen sich wieder mehr integriert. So können auch die, die den Schaden verursacht haben, während des Kreisprozesses einen neuen Weg einschlagen und sich ebenfalls neu integrieren. Ein Friedenszirkel erlaubt also, dass neue Verbindungen zwischen einzelnen Personen, Familien und Gemeinschaften entstehen. Circles sind im Grunde genommen Wiedereingliederungszeremonien (vgl. Pranis et al. 2003, S. 11-35). Diese Wiedereingliederung wird möglich, weil allen Teilnehmenden das gleiche Recht eingeräumt wird, ihre Geschichte nicht nur zu haben, sondern diese auch teilen zu können.

Die räumliche Situation ist für den Circle sehr wichtig. Dass die Teilnehmenden in einem Kreis sitzen, begünstigt es, Kontakt zueinander aufzunehmen. Die Möglichkeit, alle Anwesenden anschauen und ihnen in die Augen sehen zu können, hilft beim Vertrauensaufbau und dabei, Gleichheit und Sicherheit in der Gruppe entstehen zu lassen (vgl. Restorative Justice Council 2011, S. 26). Genau darauf ist der Zirkel ausgelegt, nämlich auf die Bedürfnisse der Menschen nach Vertrauen, Offenheit, Respekt, Zusammengehörigkeit, Freundlichkeit und Hilfsbereitschaft. So kann durch einen Circle bestenfalls das Potential entstehen, Probleme in Zukunft besser anzugehen (Costello et al. 2010, S. 47; vgl. Thoß und Weitekamp 2012, S. 93).

8.6 Pilotprojekt zu Kreisprozessen

Von 2011 bis 2013 wurde ein Format von Kreisprozessen unter dem Titel „Einführung von Friedenszirkeln in Europa" an der juristischen Fakultät in Tübingen als Pilotprojekt im Rahmenprogramm „Criminal Justice" der Europäischen Kommission wissenschaftich begleitet. Es war das erste internationale Experiment, das zu diesem Thema und in diesem Umfang in drei europäischen Ländern durchgeführt wurde (vgl. Dhondt et al. 2013, S. 8) In der Studie wurde der Frage nachgegangen, inwiefern das Modell der Friedenszirkel in den Ländern Belgien, Deutschland und

8.6 Pilotprojekt zu Kreisprozessen

Ungarn angewendet werden kann, die durch das Legalitätsprinzip der Justiz geprägt sind. Es wurde geprüft, ob sich diese außergerichtliche Konfliktbearbeitung in den genannten Ländern adaptieren lässt und wie Opfer und andere Teilnehmende Kreiszusammenkünfte empfinden und bewerten. Zudem wurde „die Förderung und die Weiterentwicklung praktischer Modelle von Restorative Justice in Europa durch die Einführung von Friedenszirkeln als weiterführende Option" benannt (Universität Tübingen 2013)[53].

In Deutschland wurden zunächst in der ersten Phase des Projektes den Betroffenen gleichzeitig Täter-Opfer-Ausgleich und Circle vorgeschlagen. Die beiden Methoden und deren Unterschiede wurden dabei erklärt. Nachdem aber die meisten Betroffenen bei diesem Vorgehen den Circle ablehnten, wurde die Strategie geändert. Es wurde in der zweiten Phase nur das Circle-Verfahren als eine Mediationsart vorgestellt, die auch die Gemeinschaft mit einbezieht. Erst wenn die Parteien auch nach Erklärungen und Beantwortung von Fragen unverändert bestehende Zweifel, Ängste oder ernste Bedenken hatten, wurde der Täter-Opfer-Ausgleich als Alternative angeboten. Man versprach sich davon, mehr Menschen für den Kreisdiskurs zu gewinnen (ebd. S. 432f).

Das deutsche Team machte den Konfliktparteien bereits in der Vorbereitungsphase deutlich, dass die Entscheidung, ob ein Circle stattfinden soll oder nicht, bei den Beteiligten selbst liegt. Also wurden schon zu einem frühen Zeitpunkt die potentiell Beteiligten aktiv mit einbezogen und ihnen das Gefühl vermittelt, Entscheidungsgewalt zu haben. In den einzeln geführten Vorgesprächen wurden Bedenken besprochen, Informationen über den Ablauf gegeben und angestoßen, sich Fragen für das Treffen mit den anderen zu überlegen. In der Vorbereitung lag die Gratwanderung für die Organisierenden darin, einerseits die Personen zu *informieren*, sie gleichzeitig zu *motivieren* und die Gemeinschaft mit *einzubeziehen*. Auf der anderen Seite sei dies mit Vorsicht zu tun, so dass diese *Überzeugungsarbeit* keinen Druck erzeugt und vor allem Jugendliche – aber auch alle anderen – forciert werden, etwas zu tun, was sie nicht in ganzem Umfang einschätzen können. (S. 321) Besonders bei jugendlichen Straffälligen sei speziell zu beachten, dass sie leicht beeinflussbar sind und nicht so gut über ihre Rechte und Pflichten Bescheid wissen. Eine Gefahr bestehe also darin, dass Jugendliche in eine Circle-Zusammenkunft gedrängt werden, ohne überblicken zu können, was das umfassend für sie bedeutet.

---

53 Die Auswertung des Projekts ist bisher unveröffentlicht. Eine Vorfassung wurde uns freundlicherweise von Beate Ehret (Management des o. g. Projektes) zur Verfügung gestellt. Wir stellen hier nur exemplarisch einige Aspekte vor.

Ein weiterer interessanter und vielleicht wenig überraschender Aspekt ist, dass sich Teilnehmende (unabhängig ihres Alters) in einer größeren Gruppe von Menschen, die sie nicht so gut oder gar nicht kennen, unsicherer fühlen und sich somit die Chancen verringern, dass ein intimer, offen und ehrlicher Austausch möglich ist. Das würde auch erklären, weshalb sich in den ersten Fällen die meisten eher für einen Täter-Opfer-Ausgleich entschieden und den erweiterten Kreis ablehnten. In der Projektphase empfanden es die direkt am Zirkel teilnehmenden Personen zunächst als Störung, dass ein beobachtender Part mit anwesend war, der den Ablauf der Zusammenkunft für die Evaluation des Projektes dokumentierte. Erst nach Erklärungen und Zusicherung über Anonymität und Datenschutz bei der Dokumentation konnte diese Barriere gegenüber der weiteren gänzlich fremden Person, die nicht aktiv am Geschehen teilnahm, abgebaut werden. Auch hier ist erkennbar, dass sich Circle-Teilnehmende nicht ohne weiteres auf diesen Prozess einlassen können, wenn sie sich nicht sicher fühlen und Sorge vor einem unsensiblen Umgang mit dem Gesagten haben. Das erfordert, wie eben bereits beschrieben, in der Vorbereitungsphase ein hohes Maß an Geschick, Empathie und Aufmerksamkeit, um alle Sorgen der Betroffenen aufzugreifen.

In der Zusammenfassung der Evaluation wird folgendes als Gemeinsamkeit zwischen allen drei Ländern festgestellt: In der Vorbereitung eines Circles war es nicht einfach, die Gemeinschaft in Form spezifischer Personen mit einzubeziehen. Ausschlaggebend war dafür die Privatsphäre der Einbezogenen, die es schwierig machte, Teilnehmende zu finden. Es entstanden Ängste, dass nicht direkt Betroffene nicht vertrauenswürdig mit dem Gesagten umgehen würden, dass die Tat bzw. Inhalte in einem anderen, völlig von der Zusammenkunft losgelösten Kontext inhaltlich wieder erwähnt würden oder dass Stigmata entstehen (vgl. Dhondt et al. 2013, S. 10f). Die Menschen fühlten sich also geängstigt, ihre intimen Gedanken in einer größeren Gruppe zu teilen.

Auf der Seite der Fachkräfte wurde festgestellt, dass es für den Circle-Keeper schon *im Vorhinein* Schwierigkeiten mit sich bringt, Menschen aus der Gemeinschaft ausfindig zu machen und Kontakt zu ihnen aufzunehmen. Das ist besonders dann kompliziert, wenn es eben nicht um die direkte Nachbarschaft geht, sondern um Menschen aus größeren gesellschaftlichen Zusammenhängen oder geografisch weiter entfernten Räumen. Hierzu wurde die Frage aufgeworfen, ob die Circle-anleitende Person überhaupt passend ist, um auch diese vorbereitenden Maßnahmen zu übernehmen.

Was ebenso in allen drei Ländern von Keepern geäußert wurde, ist, dass es im Vergleich zum Täter-Opfer-Ausgleich eine höhere Anforderung in sich birgt, all die

8.6 Pilotprojekt zu Kreisprozessen

verschiedenen Geschichten und Persönlichkeiten mit ihren Gefühlen wahrzunehmen und somit eine weitaus größere Anforderung in dieser Koordinationsarbeit liegt. Ein anderer interessanter Aspekt ist die Nutzung des Talking-Pieces. Hatte das Talking-Piece keine Bedeutung für die Anwesenden (weder für die Gruppe, noch für den Keeper), war also ein zufällig ausgewähltes Objekt, erwies sich nicht als verbindlich und wurde nicht von den Teilnehmenden akzeptiert. Gab es jedoch gemeinsame Verbindung oder Assoziation zu dem Objekt, kam diese Akzeptanz auf ganz natürliche Weise zustande. Alle Keeper meldeten zurück, dass es in jeder Situation eine Möglichkeit gab, ein bedeutungsvolles Talking-Piece für die Gruppe zu finden, wenngleich es manchmal etwas Kreativität verlange. Dennoch wurden in Deutschland vor allem ein besonderes Stück Holz oder ein Ball als Sprechobjekt verwendet, welche vom Keeper mitgebracht wurden. Der Ball deshalb, weil er als Symbol für „am Ball sein" und somit für Aktivität steht. In Belgien wurde ein knetbarer Stressball verwendet, der während des Sprechens auch Aggressionen oder Stress durch das „Hineinkneten" aufnehmen konnte. Aber es wurden in Belgien auch andere Objekte, je nach Fall, verwendet. In Ungarn wurde hingegen in jedem Fall ein anderes Talking-Piece ausgewählt, was meistens etwas mit der Tat oder mit dem Ziel der Zusammenkunft zu tun hatte. Daraus wird insgesamt erkennbar, dass das Talking-Piece als Symbol für Konstellationen, Geschehnisse oder ähnliches steht, aber ebenso auch eine neutralere oder funktionale Bedeutung bekommen kann. (ebd. S. 437)

Friedenszirkel und ihre Komponenten stellen ein flexibles Instrument dar. Es hat keine negativen Auswirkungen auf das Ergebnis, wenn nicht jeder Schritt genau modelltreu durchgeführt wird, wenn z. B. Anfangs- und Schlusszeremonie nicht abgehalten werden. In jedem Land wurden die Circles in einer eigenen Art und Weise genutzt, einzelne Elemente wurden adaptiert – je nach den Bedürfnissen der Gruppe. Diese Flexibilität macht es möglich, mit den unterschiedlichsten Taten und Konstellationen umzugehen. Ein Circle bietet also für verschiedene Zusammenkünfte Variablen, die genutzt, abgewandelt, erweitert oder abgelehnt werden können, ganz so, wie es der Dynamik und Zusammensetzung der Gruppe entspricht (S. 428ff). Täter- und Opferseiten resümieren, dass sie große Unterstützung von der Gemeinschaft u. a. durch angebotene Hilfe und das Ausdrücken von Empathie erhielten. Besonders die Täterseite resümiert "that they found the open and non-condemning attitude of the community members helpful and even restorative for them" (Dhondt et al. 2013, S. 11).

Doch auch Fragen sind durch die Evaluation entstanden, die in der Fachwelt weiter diskutiert werden sollten und die durch weitere Erfahrungen mit Circle-Durchführungen nach und nach Antworten bringen können: Wer ist die bestgeeignete Person, um Teilnehmende auszuwählen und einzuladen? Wie kann die Gemeinschaft auch *nach* der Circle-Zusammenkunft mit einbezogen werden? Und können Friedenszirkel tatsächlich ihr Versprechen von „community-building" halten? Am Ende des Projektes steht folgende Zusammenfassung: Es ist möglich, Friedenszirkel in Europa einzuführen. Aber vor allem zeigt das Projekt den Wert dieser Art von Austausch und bestätigt, dass Circle-Zusammenkünfte ihre Versprechen halten (vgl. ebd.).

8.7 Kreisverfahren im Strafvollzug

Lassen Sie uns Kreisverfahren noch im Kontext des Strafvollzugs anschauen. Vielleicht wäre in diesem Bereich die Anwendung von Kreisen ebenso möglich und im besten Fall auch nachhaltig. Fiedeler beschreibt in ihrem Artikel „Zurück zum Kreis – Ein Plädoyer für Kreisverfahren im Strafvollzug" die positiven Auswirkungen für Strafgefangene und die Gemeinschaft, wenn resozialisierende Maßnahmen in Kreisform durchgeführt werden. Der Grundannahme dabei ist, dass ein „Bedürfnis nach effektiver Resozialisierung, Hilfe und Wiedergutmachung diesseits wie jenseits des richterlichen Schuldspruchs [besteht]" (Fiedeler 2014b, S. 9). Das Ziel, das durch eine Kreiszusammenkunft angestrebt wird, ist nachvollziehbar und spezifisch, gleichzeitig ambitioniert. Im Gegensatz zur eher desozialisierend wirkenden Inhaftierung sollen Kreisverfahren am Ende Rückfälle vermeiden und schließlich zu einem effektiven und nachhaltigen Opferschutz beitragen. Das Ziel ist also Prävention von Gewalt zum einen und zum anderen das Bewahren menschlicher Unversehrtheit. Zusammengefasst würde das vielleicht sogar weniger Haftunterbringungen bedeuten. Derzeitig existieren Unsicherheiten und Ängste, wenn Straffällige nach Absitzen ihrer Haft entlassen werden – nicht nur bei den Entlassenen selbst (der Alltag im Gefängnis ist recht überschaubar in seiner Struktur), sondern auch bei der Gesellschaft, die nicht weiß, wie sie den Menschen begegnen soll, die ihre Freiheit wiedergewonnen haben. Domenig beschreibt das, was bei einer (Haft-)Strafe passiert, wie folgt: „Mit der Exklusion des normwidrigen Verhaltens wird die Integrität der Norm bekräftigt. Der normativen Integration steht jedoch im herkömmlichen Strafkonzept eine faktische Desintegration und Exklusion gegenüber, welche in ihrem Ausmaß letztlich die Integrationskraft des gesamten Systems zweifelhaft erscheinen lässt" (Domenig 2007, S. 46). Das Strafkonzept verstärkt also die exkludierenden Tendenzen, wenngleich das genaue Gegenteil intendiert ist. Mit dem Separieren und Zusammenbringen von Tätern in einem – was ein Gefängnis zweifelsohne ist – eigenen Kosmos, wird die Auseinandersetzung der Haftinsassen mit allgemein geltenden Normen reduziert

8.7 Kreisverfahren im Strafvollzug

und stattdessen die Internalisierung der formellen und informellen Gefängnisnormen befördert. Um diesem Phänomen entgegenzuwirken, so dass durch die Exklusion aus der Freiheit gleichzeitig der Weg für eine Integration in die Freiheit geöffnet werden kann, können Kreisprozesse hilfreich sein. Ein Forschungsprojekt zu „Mediation and Restorative Justice in Prison Settings" ergab beispielsweise, dass drei Viertel der Befragten die Meinung vertaten, dass auch nach Haftantritt – also nach dem Gerichtsverfahren und während der Zeit im Strafvollzug – Wiedergutmachungsversuche noch sinnvoll sind. Die Implementierung von Restorative Justice im Strafvollzug erfährt somit eine grundlegende Zustimmung (vgl. Hartmann et al. 2012). Durch die Wiedergutmachung wird der Normverstoß anerkannt, bleibt aber in der Folge beweglich und ermöglicht allen Beteiligten, eine (Re-)Integration mitzugestalten. Folgende Durchführungsmöglichkeiten von Kreisverfahren im Strafvollzug können benannt werden:

- Bearbeitung von Konflikten während des Strafvollzugs und damit verbundenes Empathietraining von Inhaftierten untereinander und Schulung sozialer Kompetenzen.
- Arbeit mit dem Prinzip des Täter-Opfer-Ausgleichs bei Taten, die während des Strafvollzugs passieren.
- Kreisprozesse, in denen Widergutmachungsmöglichkeiten reflektiert und erarbeitet werden, wobei die Opfer durch andere Täter stellvertreten werden.
- Resozialisierung durch Einbeziehung von Menschen aus dem Sozialraum (vor und nach Haftentlassung) der Strafgefangenen.
- Kreisprozesse als Nachsorge des Vollzugs bzw. als Übergangsverfahren (vgl. Fiedeler 2014b, S. 9).

In Kanada beispielsweise gibt es das Konzept „Circles of Support and Accountability" (CoSA), bei dem nach Haftentlassung von Sexualstraftätern ein Kreis zusammengerufen wird. Die haftentlassene Person – vor Ort „core member" genannt – wird von drei bis fünf geschulten und ausgewählten Freiwilligen in verschiedener Hinsicht unterstützt: Es geht dabei um Integration und praktische Bedürfnisse des Haftentlassenen (z. B. Zugang zu medizinischer Versorgung und bezahlbarem Wohnraum, Jobsuche), um das Schaffen eines (emotionalen) Netzwerkes, um das Entwickeln von Strategien, die bei alltäglichen Problemen und Fragestellen genutzt werden können. Außerdem kann so problematisches Verhalten zeitnah hinterfragt werden. Der aus dem Gefängnis entlassene Mensch wird auf diese Weise aktiv und begleitet resozialisiert (vgl. CoSA Ottawa). In Deutschland gab es das Projekt StartChance (Laufzeitende 2012), das jugendliche Haftentlassene auf dem Weg vom Gefängnis zurück in die Freiheit begleitet hat. Besonderes Augenmerk lag bei StartChance auf der beruflichen Intergration, aber auch auf der Aktivierung des sozialen Umfeldes und setzte bereits mit vorbereitenden Maßnahmen schon während der Haftzeit ein. Dazu wurden mit den jungen Menschen auch Familienräte durchgeführt (vgl. Hilfe zu Selbsthilfe e. V. 2013).

Mit dem Opferschutzgesetz hat der Strafvollzug gleichzeitig einen Doppelauftrag. Es bedeutet, dass der Strafvollzug „nicht nur den Täter im Blick haben und ihn resozialisieren muss, sondern dass er auch dem unmittelbaren Schutz des einzelnen Opfers verpflichtet ist" (Tätigkeitsbericht 2011, S. 49f). Es geht nämlich nicht nur um die Resozialisierung der Täter, sondern gleichzeitig um eine „opferbezogene Vollzugsgestaltung" (ebd.). So wäre es bereits zu Beginn des Haftantritts sinnvoll, nicht nur auf das Täterprofil zu schauen, sondern ebenso die Fragen zu stellen, die einen Opferbezug zulassen: „Wer sind die von der Tat Betroffenen? Welche (Schutz-) Bedürfnisse sind erkennbar? Hat das Opfer Ausgleichsansprüche geltend gemacht oder einen Informationsantrag gestellt? Wie steht der Gefangene zur Tat und zum Opfer? Empfindet bzw. äußert er Empathie?" (Tätigkeitsbericht 2012, S. 18) Das Projekt zum opferbezogenen Strafvollzug in Nordrhein-Westfalen (2012) stützt sich auf zwei Säulen. Einerseits liegt der Fokus auf dem Tatausgleich als Bewältigung des Vergangenen und andererseits auf dem Opferschutz als zukunftsorientierter Fokus (vgl. ebd., S. 16). Wenngleich es nicht so benannt ist, so lassen sich hier restaurative Elemente ausmachen. Mit den verschiedenen Formen von Kreisverfahren können beide Bestrebungen unterstützt und befördert werden. Fiedeler fasst es wie folgt zusammen: „Die Zielsetzung von mehr Opferbezug im Strafvollzug […] könnte vor dem Hintergrund der geschilderten Nebeneffekte durch Kreisverfahren nicht nur sinnvoll ergänzt, sondern könnten vielmehr […] hierzulande der Etablierung des Täter-Opfer-Ausgleich im Vollzug den Boden bereiten" (Fiedeler 2014b, S. 11). Kreisverfahren können nicht als Allheilmittel gelten, aber es erscheint „sinnvoll, viele Formen restaurativer Gerechtigkeit nebeneinander vorzuhalten bzw. zunächst zu erproben, um den Betroffenen bestmögliche adäquate Hilfe anzubieten und ihren Befindlichkeiten und Bedürfnissen angemessene Rechnung tragen zu können" (ebd.).

8.8 Soziokratie in Organisationen

Wie im vorangegangenen Kapitel dargestellt, sind Kreisprozesse in Deutschland nicht verbreitet. Anders ist es hingegen zum Beispiel in den Niederlanden, wo sogar in einigen Firmen und Organisationen Kreisprozesse zur Steuerung und Weiterentwicklung von Unternehmen eingesetzt werden.

8.8 Soziokratie in Organisationen

Dieser Ansatz wird „Soziokratie" („socius" (lat.) Gefährte; „krátos" (gr.) Kraft, Herrschaft) genannt, was soviel bedeutet wie „Gemeinschaftsherrschaft" oder „Kraft der Gemeinschaft" (vgl. Brandt 2008). Die Soziokratie wurde in den 1960er Jahren von Gerard Endenburg in Holland als ein Organisationsmodell entwickelt[54]. Endenburg orientierte sich mit seinem soziokratischen Ansatz an Kees Boeke, den Quäkern und deren Art, Entschlüsse zu fassen (Rüther 2010, S. 14). Darauf entwickelte er folgende vier Grundprinzipien der Steuerung und Entscheidungsfindung in Organisationen:

1. Konsentprinzip
2. Kreisorganisation
3. Doppelverknüpfung und
4. Soziokratische Wahl

Auf der Basis dieser vier Prinzipien können soziokratische Strukturen in Organisationen und Gruppen geschaffen werden.

1. Das Konsentprinzip

Der Buchstabe „t" ist entscheidend, der aus dem bekannten „Konsens", also der inneren Zustimmung oder Übereinstimmung aller mit einer Entscheidung, den Konsen*t* macht. Dieser bedeutet, dass nicht unbedingt jeder umfassend mit dem Vorschlag d'accord gehen muss, aber auch keine schwerwiegenden Einwände dagegen hat. „Schwerwiegende Einwände" heißt in diesem Fall, dass es noch nicht eingebrachte oder bisher übersehene Argumente gibt, die gegen den vorgebrachten Vorschlag sprechen – es ist also nicht von einem einfachen Vetorecht die Rede. Was als schwerwiegend gedeutet wird, liegt im Toleranzbereich jedes Einzelnen, der im Kreis sitzt. Auch wenn für andere die Argumentation nicht schlüssig erscheint, wird der Einwand ernstgenommen und hat eine weitere Verhandlung zur Folge. Am Ende muss nicht ein einstimmiges „Ja" zu einer Entscheidung zu hören sein. Konsent bedeutet, dass alle „Nein-Argumente" erfolgreich integriert worden sind. Die Gleichwertigkeit der Teilnehmenden wird durch diese Art der Entscheidung deutlich.

2. Die Kreisorganisation

Ein Kreis wird genutzt, um auf Basis des Konsents in der Gruppe Entscheidungen zu diskutieren, zu fällen, auszuführen und schließlich auch die Ergebnisse zu

---

54 Der Begriff „Soziokratie" taucht allerdings schon bei dem franz. Philosophen Auguste Comte (1798-1857) auf (vgl. Rüther 2010, S. 10f; vgl. Friess und Kruschel 2011, S. 41).

messen. Zumeist wird diese Art von Kreisen einer bereits bestehenden linearen Organisationsstruktur hinzugefügt.

3. Die Doppelverknüpfung

Mehrere Hierarchieebenen werden miteinander verknüpft, indem Delegierte aus dem nächsthöheren und nächstniederen Kreis vertreten sind. Diese Personen nehmen sowohl bei den Sitzungen des eigenen Kreises, als auch bei den Kreisen der anderen Hierarchieebene teil. Dadurch entsteht mehr Gewähr, dass die Rahmenbedingungen der angrenzenden Ebene berücksichtigt werden, die Beweggründe bekannt sind und wichtige Informationen transportiert werden (vgl. Rüther 2010, S. 21; vgl. Friess und Kruschel 2011, S. 41ff).

4. Die soziokratische Wahl

Die vierte Basisregel ist eine Sonderform der ersten. Die Wahl von Personen für bestimmte Aufgaben oder Funktionen findet durch eine offen ausgetragene Konsententscheidung statt, also dem Austausch von Argumenten. Wird eine Person vorgeschlagen, um eine bestimmte Aufgabe zu übernehmen, äußern zunächst alle Anwesenden nacheinander ihre Einschätzungen zum Vorschlag. Anders als bei der demokratischen Wahl gibt es am Ende keinen Mehrheitsentscheid, sondern es besteht kein argumentatives „Nein" mehr gegen die vorgeschlagene Person. Erst zum Schluss wird ebendiese Person gefragt, ob sie die Position wahrnehmen möchte. Dabei entsteht die Möglichkeit, sich vorher die Argumente der anderen anzuhören und sich dadurch ggf. eine Aufgabe besser zuzutrauen (Rüther 2010, S. 21; Soziokratisches Zentrum 2013; ÖGUT o. J.; Friess und Kruschel 2011, S. 43).

Mithilfe der vier Grundprinzipien können in Organisationen Kreisprozesse zur linearen, hierarchischen Struktur hinzugefügt werden. Mit der Anwendung in Betrieben, Verwaltungen oder Freien Trägern bekommen Circles eine weitere Dimension hinzu. Sie sind nicht mehr nur im sozialarbeiterischen oder schulischen Kontext relevant, sondern bewähren sich auch in administrativ oder wirtschaftlich ausgerichteten Einrichtungen. Das folgende Zitat einer Mitarbeiterin, in deren Unternehmen soziokratische Circles durchgeführt werden, gibt einen Eindruck vom Effekt: „You will be much stronger. It is much more fun and you don't get burn-out, because you're not the only one, who has a responsibility"[55] (Dierkes 2011, 1:24-1:33).

---

55 „Sie werden viel stärker sein. Es macht mehr Spaß und sie kriegen kein Burn-Out, weil Sie nicht der Einzige sind, der Verantwortung trägt." (Übersetzung des Videos)

Die Elemente von Restorative Justice dargestellt an einer ungewöhnlichen Begegnung im Trojanischen Krieg

9.1 Eine ungewöhnliche Begegnung

Im 24. Gesang der Ilias beschreibt Homer eine außergewöhnliche mitternächtliche Begegnung zwischen Achill, dem mächtigen Feldherrn der Griechen, und Priamos, dem König von Troja. Zehn Jahre lang haben die Griechen das sagenhafte Troja belagert. Tausende mussten für diesen grausamen Krieg ihr Leben lassen. Der Kampf zwischen den gleichstarken Mächten ist endlos und verbissen. Troja ist uneinnehmbar aber doch nicht so stark, die Belagerer von seinen Mauern zu vertreiben. Unzählige Opfer hat der Krieg gefordert, Griechen und Trojaner trauern um ihre Freunde und Angehörigen, wie Achilleus, der seinen besten Freund Patroklos verloren hat – durch Hektors Schwert getötet. Wahnsinnig vor Schmerz erschlägt Achilleus daraufhin Hektor, den Sohn von König Priamos im Zweikampf, doch seine rasende Trauer ist mit dem Tod des Feindes nicht zu befriedigen, Achill schändet nun sogar Hektors Leiche, hängt ihn wie ein Stück Fleisch an seinen Streitwagen und schleift ihn um die Mauern Trojas. Von dort können Hektors Eltern, Verwandte und die Untertanen des geachteten Thronfolgers nur machtlos der gnadenlosen Entwürdigung zusehen. Achilleus verweigert den Trojanern die Herausgabe des Leichnams und legt ihn zum Verfaulen in die Sonne, wo sich aasfressende Vögel und streunende Hunden darüber hermachen. So rächt er sich an Hektors Geschlecht, weil jener ihm den Freund genommen hat. Für die Menschen und für die Götter überschreitet Achill mit seiner respektlosen Wut die Grenze des Ertragbaren. Homer erzählt, wie nun die Götter auf Priamos und auf Achilleus einwirken, diesem Unheil ein Ende zu bereiten. König Priamos soll als Bittender zum Mörder seines Sohnes gehen, dem Täter selbst ein Angebot machen, eine Forderung stellen und sich dabei auf Achilleus' Vater berufen, der als Vater wollen würde, dass man dem Vater sein totes Kind bestatten lässt. Hermes, der Götterbote, geleitet Priamos eines Nachts unbemerkt in das Heerlager der Griechen zu Achills

Zelt. Die Erzfeinde stehen sich das erste Mal von Angesicht zu Angesicht gegenüber. Der König fleht Achill im Namen seiner Eltern um die Herausgabe des toten Sohnes an. Er erzählt, wie ihm dieser unselige Krieg nun alle Söhne genommen hat und mit Hektor auch seine letzte Freude als Vater. Er bietet an, den Leichnam für Lösegeld zu kaufen und erniedrigt sich. Für Achill ist Priamos nur ein verdammenswerter Feind und dennoch rührt ihn die offenherzige Rede des greisen Königs. Sie bewegt ihn seinerseits zu erzählen, wie er fern von seinem eigenen alten Vater als dessen einziger kinderloser Sohn einen Krieg kämpft, der nicht der eigene ist, von der Weissagung, dass er nicht aus diesem Krieg zurück kommen wird und von Patroklos, dem Freund, durch dessen Tod ihm das Herz herausgerissen wurde. Er sagt all dies, weil er zu verstehen beginnt, dass Priamos Schmerz dem eigenen ähnlich ist und auch Priamos beginnt, in Hektor mehr zu sehen als den gnadenlosen Schänder seiner Ehre. Homer lässt die beiden prototypischen Männer zusammen weinen, als sie ihrer geliebten Menschen gedenken. Die Gastfreundschaft verlangt von Achill, den Besucher zum Mahl zu laden und dieser Ritus hilft, um wieder Tritt zu fassen und vernünftig miteinander zu verhandeln. Beim Essen, Trinken und Reden entwickelt sich eine gegenseitige Achtung. Die Feinde werden keine Freunde, aber sie erlangen Respekt vor der Haltung des anderen und sie kommen zu einem Ergebnis. Achilleus lässt Hektors Leiche waschen und in edle Gewänder kleiden. Nur so will er ihn dem Vater übergeben. Er bietet Priamos einen Schlafplatz für die Nacht und freies Geleit aus dem Lager der Griechen an. Das muss geheim bleiben, denn Agamemnon, der Oberbefehlshaber des griechischen Heeres, würde den trojanischen König nie mehr gehen lassen, sondern mit ihm als Geisel die Stadt zur Kapitulation zwingen. Schließlich wird vereinbart, dass die Waffen zwölf Tage ruhen werden, damit Hektor in Würde bestattet werden kann. Die Trauerfeier wird über den Krieg gestellt. Das Treffen der beiden eröffnet einen zwölftägigen sozialen Zwischenraum. Danach wird das Kämpfen fortgesetzt, in dessen Verlauf sowohl Achilleus als auch Priamos ihr Leben lassen.

9.2 Was macht Restorative Justice aus?

Homers Ilias gehört zur ältesten Literatur Europas. Wir erzählen diese uralte Geschichte, in der Mythos und Begebenheit, Sollen und Sein unentwirrbar verschlungen sind, als eines der ersten Zeugnisse verständigungsorientierter Gerechtigkeit. Im Folgenden soll es darum gehen, das Epos so zu interpretieren, dass die Elemente eines restaurativen Gerechtigkeitsverständnisses deutlich werden. Dazu greifen wir an der ein oder anderen Stelle über das vorliegende Material hinaus

9.2 Was macht Restorative Justice aus?

oder interpretieren spekulativ. Die in der Ilias erzählte Begegnung soll nicht im kulturwissenschaftlich analysiert werden, sondern soll uns helfen, die verschiedenen Elemente zu illustrieren, die zusammen genommen Restorative Justice ergeben.

Restorative Justice ist kein Mittel umfassender Gesellschaftsreform

Allem voran steht der unabweisbare Ausgang: Der trojanische Krieg wurde durch die Verständigung der beiden Männer nicht beendet. Es kam zu keiner umfassenden Versöhnung. Dazu hätten mehr als die beiden gehört, die nur Repräsentanten zweier ineinander verstrickter Systeme waren. Restorative Justice ist kein Allheilmittel für gesellschaftliche Probleme. Armut, Arbeitslosigkeit, Ungleichheit und Ausschluss lassen sich nicht allein mit Kommunikation bearbeiten. Vielleicht wäre die Verständigung ein Anfang gewesen, aber dann hätten auch andere mit an den Tisch gehört, die nicht dabei waren. Dann hätten andere Geschichten erzählt und andere Rechnungen wie Menelaos Entehrung durch Paris oder Agamemnons innenpolitische Not, die einen außenpolitischen Sieg schier erzwungen hat, aufgemacht werden müssen. Restorative Justice kann einen Ausgleich zwischen einzelnen Menschen schaffen, vielleicht auch eine Verständigung zwischen großen Gruppen, aber sie ist kein Mittel, systematische Ungleichheiten in Gesellschaften zu bearbeiten.

Sicherheit

So waghalsig Priamos' Unternehmen, ins Lager der Feinde zu gehen, um seinen toten Sohn zurück zu bekommen, klingt, Homer lässt an keiner Stelle den geringsten Zweifel, dass er dabei unter dem Schutz der Götter steht. Zeus selbst wollte dieses Vorgehen, Hermes begleitet ihn ins Lager und holt ihn dort rechtzeitig wieder ab. Es besteht keine Gefahr, Priamos ist sicher.

Restorative Justice soll, wie klassische Gerichtsbarkeit, Sicherheit für die Geschädigten herstellen. Auch wenn Täter gefasst werden, bleibt das Gefühl von Verletzlichkeit und Unsicherheit bei Opfern bestehen. Sie leiden unter Stimmungsschwankungen und fragen sich immer wieder, warum gerade ihnen dies geschehen ist. Ein Viertel der Einbruchsopfer ziehen in eine neue Wohnung, weil sie sich am Tatort selbst nicht mehr sicher fühlen. Menschen haben das Bedürfnis nach Kontrolle über ihr Leben und Verbrechen verletzen dieses Gefühl, das eigene Leben beherrschen zu können. Damit sich Opfer erholen, müssen sie die Opferrolle überwinden. Die Tat darf keine Macht mehr über sie haben. Dafür brauchen Opfer die Sicherheit, dass sich die Tat nicht wiederholt, aber auch Antworten darauf, wie und warum es passiert ist und wie sie sich oder andere in Zukunft schützen können. Die Opferrolle zu überwinden, heißt paradoxerweise, Sinn in dem Geschehen zu finden.

Restorative Justice ist am Wohl von Opfer, Täter und Gemeinschaft interessiert

Ungeheuerlich ist, dass Priamos als Bittender zum Mörder seines Sohnes kommt. Das wirkt verkehrt, weil unser Mitgefühl beim Vater liegt, der seinen Sohn wenigstens mit Würde beerdigen soll. Homer hingegen lässt die Grenze zwischen Täter und Opfer verschwimmen. Auch Achill ist Opfer. Seine Tat hat eine Vorgeschichte, sie lässt sich verstehen, auch wenn sie dadurch nicht gerechtfertigt wird. Priamos verharrt nicht in seiner gerechten Opferrolle, sondern tut einen ersten Schritt. Diese Anerkennung ist notwendig, damit Achilleus wiederum auf ihn zuzugehen kann. Restorative Justice ist ein Ansatz, der das Wohl von Opfer *und* Täter im Blick hat. Meist haben beide etwas zu beklagen. Taten sind oft Reaktionen auf Verletzungen, Erniedrigungen oder Ausschluss aus vorangegangen Zeiten. Eine vollständige Wiedergutmachung schließt auch die soziale Rehabilitierung des Täters ein. Erst die Reintegration des Täters, die mit Respekt geschieht, lässt die Sicherheit entstehen, die der Gemeinschaft als Ganzes hilft. Dazu kann Hilfe für den Täter notwendig sein, deren Aufwand – im vorliegenden Fall wird ein nicht unerhebliches Lösegeld gezahlt – den Aufwand, der für das Opfer betrieben wird, übersteigen kann. Nicht zuletzt geht es um das Wiederfinden eines Gleichgewichts in der Gemeinschaft, das durch Taten in offensichtlicher Weise ins Wanken geraten ist. Auch sie verlangt nach einer Wiederherstellung eines Sicherheits- und Wohlgefühls.

Freiwilligkeit und Zustimmung

Das Gerechtigkeitskriterium ist die Verständigung der Betroffenen. Sie müssen den Ausgleich und die Hilfe, die jedem zu Teil wird, als angemessen empfinden und zustimmen. Freiwilligkeit und Zustimmung aller sind ein weiteres wesentliches Element. Restorative Justice kann nur wirkungsvoll sein, wenn sich die Beteiligten aus freiem Willen auf den Prozess einlassen und wenn die Vereinbarungen im Konsens getroffen werden. Dazu müssen Interessen berücksichtigt werden. Ungenügend wäre es, die Motivation der Beteiligten allein an moralischen Prinzipien zu messen. Achilleus geht es nur zum Teil darum, Hektors und Priamos' Würde wieder herzustellen, er will sich Anerkennung verschaffen, indem er sich mit Priamos einigt und unabhängig von den Interessen seines Dienstherrn Agamemnon seine eigene Entscheidung trifft und umsetzt. Gerade die Berücksichtigung von Achills eigenen Interessen macht den erfolgreichen Ausgang wahrscheinlich. Täter haben mitunter am Beginn eines restaurativen Prozesses das Opfer nicht im Blick. Es geht ihnen vielleicht nur um Strafminderung und darum, irgendwie heil aus der Sache heraus zu kommen. Diese Ausgangsmotivation ist zwar nicht ausreichend für ein gutes Ergebnis, sie ernst zu nehmen ist aber wesentlich, damit überhaupt ein restauratives

9.2 Was macht Restorative Justice aus?

Vorgehen möglich ist und auch dessen Form so gestaltet wird, dass eine Begegnung zwischen Menschen und nicht nur zwischen „Parteien" stattfinden kann.

Flexibilität des Vorgehens und des Ausgangs

Priamos und Achilleus treffen sich im Verborgenen. Wären die anderen Heerführer, insbesondere Agamemnon und Menelaos, hinzu gezogen worden, wäre Priamos nie mehr aus dem Lager der Griechen heraus gekommen, sondern gegen Trojas Kapitulation eingetauscht worden. Man könnte auch sagen, es kam eine *partikulare* Lösung zustande. Nach dem allgemeinen Gesetz wäre es nicht möglich gewesen, einen so wichtigen Gefangenen freizulassen, weil er mit einem anderen Krieger eine bilaterale Einigung gefunden hat. Im Krieg hätte es nach dem allgemeinen Prinzip für Priamos' und Achilleus' Weg keine Mehrheit gegeben. Restorative Justice bedarf eines Spielraums für partikulare Lösungen. Sowohl ihr Ablauf als auch ihre Ergebnisse lassen sich nicht allein mit allgemeinen Normen regeln. Was in einem Fall von den Beteiligten als heilsam und gerecht erachtet wird, mag in einem anderen Fall keinen Konsens finden, weil andere Menschen aufeinander treffen, weil die subjektiven Bedürfnisse andere sind oder weil bestimmte Optionen nicht erkannt werden. Restorative Justice ist jeweils ein Maßanzug, der in einem konkreten Prozess zugeschneidert wird. Das erfordert einen Flexibilitätsspielraum, was die Form als auch die möglichen Ergebnisse betrifft. Wenn am Beginn einer Versammlung klar ist, was das Ergebnis sein muss, so ist der Diskurs nicht mehr möglich, der als heilende soziale Nebenwirkung Verstehen, Verständigung und mitunter Versöhnung erzeugt.

Versammlung und Begegnung

Es mag banal erscheinen darauf hinzuweisen, aber die Grundvoraussetzung des heilsamen Ergebnisses war, dass sich Priamos und Achill überhaupt begegneten. Die Begegnung ist das zentrale Element von Restorative Justice, sei es in einer Mediation, in einer Gemeinschaftskonferenz oder in einem Täter-Opfer-Ausgleich. In klassischen Gerichtsprozessen ist diese Begegnung hoch reglementiert und wird meistens von stellvertretendem, professionellem Personal durchgeführt. In restaurativen Prozessen begegnen sich die Betroffenen und oft auch deren Angehörige und Freunde direkt – so wie Priamos und Achilleus. Sie sprechen miteinander, essen miteinander, reden über ihre Verletzungen und nicht selten kommt es, wie in der Ilias, zu Gefühlsausbrüchen. In Family Group Conferences gibt es sogar eine exklusive „Family-Only-Zeit", bei der keine Fachkräfte zugegen sein sollen. Eine der großen Herausforderungen von Restorative Justice ist die *Vergrößerung des Kreises der Betroffenen*. Problemursachen und Problemlösungen werden nicht individuellen Symptomträgern, sondern Familien, Verwandtschaften, Netzwerken und Bürgern des Umfeldes zugeschrieben. Der vorherrschende individualisierende Ansatz des Rechts, der alles der einzelnen Person zurechnet, ist zu begrenzt, um zivilgesellschaftliche Wirkungen erzeugen zu können, die auf geteilten Werten, gegenseitigem Verstehen und sozialen Bindungen basieren. Der Netzwerkbelebung wird derselbe Stellenwert zugesprochen wie der Lösung des aktuellen Problems. Wie bei einem afrikanischen Palaver[56] wird durch möglichst viele Teilnehmenden der Kreis der Beteiligten erweitert und das Netzwerk der direkten Protagonisten in einer das Gemeinwesen stärkenden Weise bereichert. Ausgestattet mit dem nötigen Wissen, ausreichend Raum und tatsächlichem Einfluss, hat dieser Kreis Unterstützungsoptionen zu bieten, die das professionelle, sozialstaatliche Hilfesystem nicht bereitstellen kann. So wird durch Restorative Justice die Öffnung der professionellen Hilfeleistungen für zivilgesellschaftliche Optionen erreicht. In unserem Beispiel aus der Ilias verhandeln zwar lediglich zwei Männer miteinander, aber sie tun es unter expliziten Rückgriff, ja fast unter mythischer Anwesenheit ihrer Ahnen und Familien. Als sich Priamos mit Recht auf Peleus, Achills Vater, beruft, wird dieser gerührt.

Rituale

Die Versammlungen sind keine einfachen formalen Treffen und hinterlassen deswegen meist einen tiefen Eindruck. Regeln der Gastfreundschaft und Rituale wie Lieder, Reden oder Gebete gehören zu Restorative Justice, weil sie helfen, die versammelten Menschen miteinander in Berührung zu bringen und gleichzeitig eine akzeptierte soziale Form für diese Berührung liefern. Rituale sind Soziotechniken zur gekonnten Abwicklung des Nichtgekonnten, deren Wurzeln weit in die Urgeschichte zurückreichen (vgl. Sloterdijk 2006). Eine Verletzung, die man nicht heilen kann, eine Untat, die man nicht ungeschehen machen kann, ein unvermittelter Verlust lassen sich besser überstehen, wenn man weiß, was man tut, wenn nichts zu machen ist. Unwägbarkeiten lassen sich im Schutz von Ritualen und Mythen besser überstehen. Im gekonnten Nichtkönnen von Ritualen spüren Menschen den Boden unter den Füßen. Auch wenn man nichts am Schicksal ändern kann, bieten Rituale eine Praktik, das Leben der Ausführenden in Ordnung zu halten, eine gewisse Sicherheit zu fühlen. Deswegen hat auch der moderne Mensch für bekannte Lebenskrisen, wie zum Beispiel den Tod von Angehörigen, Ritualreste

---

56 Palaver kommt vom portugiesischen „palavra". Das ist ein Ausdruck, den die Händler auf langwierige Verhandlungen mit afrikanischen Geschäftsleuten anwandten. In den afrikanischen Gesellschaften gehörte das Palaver zu den guten Umgangsformen, das umso länger dauerte, je wichtiger der Anlass war.

erhalten, deren formale Beherrschung nach wie vor zu unserer sozialen Kompetenz gehört. Dass sich Menschen zu Ritualen versammeln und zusammensetzen, dass sie einem vorgegebenen Ablauf folgen, wird in vielen Verfahren von Restorative Justice nachgeahmt. Es ist eine Soziotechnik, also eine bewusst gestaltete Methode, einen sozialen Prozess anzuregen, der die versammelten Gemüter in dieselbe Schwingung bringt und in einem nicht-technisch, sondern ritualisierten sozialen Sinn hilft.

Beim Treffen von Priamos und Achilleus spielen die Götter eine nicht unbedeutende Rolle. Das verweist darauf, dass nicht alles in der Gestaltungshoheit der Beteiligten liegt, sondern es auch Umstände und Umwelten braucht, die förderlich sind. Die Götter veranlassen die Verfeindeten überhaupt erst, aufeinander zuzugehen. Beide Männer ordnen sich dem göttlichen Wollen unter, bleiben aber dennoch Herr ihrer selbst. Sie wirken nicht wie ferngesteuert, sondern sie werden getragen von Mythos und Ritual. Sie müssen nicht alles selbst aus sich heraus erfinden, sondern können einem allseits verbindlichen Muster vertrauen. Rituale, Spiritualität, Gebräuchlichkeiten haben entlastende und steuernde Wirkung, ohne dass sie die Akteure aus ihrer Verantwortung entlassen. Freilich ist der Rückgriff auf's Rituelle in einer modernen Zeit nicht einfach. Viele Traditionen sind verblasst oder vergessen. In einigen restaurativen Verfahren wird versucht, Anlehnung an indigene Praktiken, Rituale, die auch für moderne Menschen noch verstehbar sind, zu nutzen; eines ist das gemeinsame Mahl, an dessen vergemeinschaftender Wirkung sich seit Homers Zeit nichts geändert hat.

Storytelling

Damit eine restaurative Versammlung in eine soziale Schwingung kommt, ist es hilfreich, wenn die Versammelten eigene Geschichten erzählen, statt sich in abstrakten Bewertungen und Meinungen zu ergehen. Erzählungen sind im Alltag ein allgemein vertrautes und gängiges Mittel, um jemandem etwas, das uns selbst betrifft, mitzuteilen. Wir greifen immer dann auf Geschichten als Mitteilungsmedium zurück, wenn wir Eigenerlebtes einem anderen nahe bringen wollen. Das Erzählen ist eine elementare Weise menschlicher Kommunikation (vgl. Schütze 1987 zit. nach Bohnsack 2003, S. 91). Geschichten transportieren mehr als Fakten und Meinungen. Sie machen die Dinge bedeutsam und bringen Erzähler und Zuhörer miteinander in Berührung. Sie enthalten Emotionen und Sichtweisen, die sogar geteilt werden können. Man beginnt zu verstehen und zu fühlen, was dem anderen zugestoßen ist und was ihn bewegt. Als Achilleus von seinem Vater und seiner Kinderlosigkeit und von der Bedeutung des Freundes erzählt, beginnt Priamos zu verstehen, dass auch er einen elementaren Verlust erlitten hat, dass sein Zorn eine nagende Trauer ist und eben nicht gefühllose Rache und Schändung seines toten Sohnes. Als Priamos von seinen gefallenen Söhnen erzählt, kann Achill empfinden, dass der Krieg dem alten Mann schon alles genommen hat, was ihm wertvoll war. Die Offenbarung durch eigene Geschichten bringen Zuhörer zum emotionalen Mitschwingen und erzeugen soziale Nähe. Wie überhaupt Emotionalität bei Restorative Justice eine zentrale Rolle hat.

Emotionalität

Wir erinnern uns: Priamos und Achill weinen miteinander. Die offenherzigen Geschichten bringen die Feinde dazu, sich ihre Schwächen zu zeigen – kriegstaktisch betrachtet ein eindeutiger Fehler, der aber zu einer menschlichen Verständigung führt. Täter können mitunter das Ausmaß ihrer Tat und deren Konsequenzen erst erkennen, wenn sie den Schmerz der Opfer erfahren. Wir wissen mittlerweile aus der Hirn- und vergleichenden Verhaltensforschung, dass die beobachteten Schmerzen anderer ähnliche Schmerzreaktionen in unserem eigenen Gehirn erzeugen, so als erlebten wir die Qualen selbst (Rizzolatti /Sinigaglia 2006 und Tomasello 2010). Daraus entsteht unser Mitgefühl – nicht aus abstrakten Überlegungen. Mitgefühl ist keine Leistung unseres bewussten Verstandes, sondern unseres Gefühls, das aber für den folgenden rationalen Prozess, in dem eine Vereinbarung gefunden werden muss, außerordentlich hilfreich ist. Eine emotional gefärbte Begegnung erzeugt Empathie, sich in andere hineinversetzen zu können, zu spüren wie es jemanden geht, was jemand braucht etc. Es erfordert eine gewisse Anstrengung, dem Leiden anderer ungerührt zuzusehen, aber die formal ablaufenden Strafprozesse unterstützen alle Beteiligten dabei, sich nicht wirklich zu begegnen und berühren zu lassen. Heute wurde das Gefühl in die Privatsphäre verbannt und durch neutrale objektive Rechtsansprüche ersetzt. Diese objektive Einstellung allerdings kann zwar in vieler Hinsicht emotional gefärbt sein, aber sie schließt nicht die volle Spannweite von Gefühlen ein, die zur Involvierung in zwischenmenschliche Beziehungen führt – darauf hat Strawson in seinen Aufsatz „Freedom and Resentment" hingewiesen (vgl. Strawson 2008). Schopenhauer hat gezeigt, dass „Mitfühlen" die zentrale Erfahrung des Menschseins sein könnte (vgl. Schopenhauer 2002). Wir machen dabei die Erfahrung unserer Verwundbarkeit, in der wir alle gleich sind. So wie Schopenhauer im Mitleid einen Erkenntnisweg sah, so sieht Restorative Justice darin einen Verständigungsweg, der durch formale Verfahren eingeschränkt wird, weil sie Mitleiden und Mitgefühl nur als unvermeidbare Randvariable zulassen.

Wiedergutmachung

Restorative Justice ersetzt das Urteil durch eine freiwillig eingegangene Vereinbarung. Achilleus entschuldigt sich bei dem Vater Priamos, indem er Hektors Leiche wäscht, salbt und in wertvolle Gewänder kleidet. Er entschuldigt sich nicht mit

9.2 Was macht Restorative Justice aus?

Worten, dazu ist er nicht fähig, sondern mit Taten. Sein Vergehen war nicht der Tod Hektors, sondern dessen Entwürdigung postmortem und dieses macht er wieder gut. Gleichermaßen bietet er Priamos ein Mahl, ein Lager und freies Geleit an.

Elementare Bestandteile von Restorative Justice sind die Entschuldigung, die Kompensation, das Versprechen einer Verhaltensänderung und die Großzügigkeit der Beteiligten im Schließen dieser Vereinbarungen.

Eine *Entschuldigung* hat drei Dimensionen (vgl. Schneider 2000): das Eingeständnis, etwas Falsches gemacht zu haben; das Gefühl, das in ihr zum Vorschein kommt und die Verletzlichkeit, in die sich der Entschuldigende gegenüber dem Adressaten bringt. Er verteidigt sich nicht, sondern zeigt sich wehrlos. Nimmt der Adressat die Bitte um Entschuldigung an, wird er sich nicht mehr auf genau die gleiche Weise verletzt fühlen. „Entschuldigungen sind gleichsam Reparaturen, die wir an gestörten Interaktionen vornehmen" (Habermas 1983, S. 56).

Kompensationen bekommen ihre volle restaurative Wirksamkeit dadurch, wenn sie Ergebnis einer wechselseitigen Vereinbarung sind und der Täter sie aktiv anbieten und dafür Verantwortung übernehmen kann, während eine vom Gericht angeordnete Kompensationszahlung den Täter passiv bleiben lässt. Die Kompensation macht es notwendig, dass sich die Beteiligten darüber einig werden, welcher Ausgleich notwendig ist, für wen er notwendig ist und wer sich an seinem Zustandekommen beteiligt. Achilleus und Priamos waren mächtige und reiche Adelige. Für sie war ein materieller Ausgleich nicht das wesentliche Thema und wenn, dann konnten sie diesen allein schultern. In vielen heutigen Fällen von Restorative Justice sind die Täter nicht in der Lage, allein, aus eigenen Mitteln für einen ausreichenden Ausgleich zu sorgen, z. B. wenn sie als Jugendliche noch kein eigenes Einkommen haben. Auch an dieser Stelle bekommt die „Versammlung" Bedeutung. Wenn Verwandte und Freunde zusammenhelfen, ist an materiellem Ausgleich zu schaffen, was dem Täter alleine nicht möglich ist. Zudem wird dieser Kreis für die Reintegration des Täters bedeutsam. Wenn die signifikanten Menschen aus dem eigenen Kreis für den Ausgleich „bezahlt" haben, resultieren daraus Verbindlichkeiten, sich dieser Investition würdig zu erweisen und zwar vor den eigenen Leuten. Das Augenmerk liegt aber eben nicht (nur) auf der materiellen Wiedergutmachung. An wen sollte sich die Wiedergutmachung richten? Natürlich an das Opfer. Selten ist es allerdings so, dass nur eine einzelnen Person verletzt wurde, oft gibt es andere Menschen, die indirekt betroffen waren und immer hat sich eine Tat in einem lokalen Gemeinwesen abgespielt, dessen Lebensqualität davon beeinträchtigt wurde. So wie Achilleus ganz Troja und allen Trojanern einen zwölftägigen Waffenstillstand als Kompensation anbietet, sollten Wiedergutmachungen auch die Gemeinschaft einschließen. Das ist deswegen wichtig, weil sie es letztlich ist, die für Reintegration des Täters sorgen wird.

Ein letzter Aspekt der Wiedergutmachung ist *Großzügigkeit*, sowohl im Geben als auch im Nehmen. Inklusive Effekte entstehen, wenn es dem Täter und seinem Kreis gelingt, sich großzügig zu zeigen, wesentlich mehr zu geben als erwartet wird. Daraus entstehen Anerkennung und Verbindung nicht zuletzt deswegen, weil sich große Leistungen nicht in kurzer Zeit aufbringen lassen und es erfordert, dass man längere Zeit im Austausch bleiben muss. Die Großzügigkeit auf Seiten der Opfer erzeugt das Gefühl beim Täter, dass fair mit ihm umgegangen wurde. Großzügigkeit kann beschämend und bessernd wirken, wie die Aussage des Bischofs von Digne, der den Dieb seines Tafelsilbers vor der Polizei durch die Aussage rettete, das Silber sei ein Geschenk gewesen. Nicht die Gefängnisstrafen, sondern die Erfahrung der Güte veranlassen den Straftäter Jean Valjean zum Umdenken[57].

Wir wissen, wie der trojanische Krieg ausging, der den Anfang europäischer Kultur markiert. Homers Ilias ist auch eine Erzählung davon, dass Streit, Krieg, Vernichtung und deren Unbegreiflichkeit zum Leben gehören. Der Versuch, den Himmel auf Erden zu schaffen, geht an der menschlichen Existenz vorbei. Interessanterweise lässt Homer sein großes Epos mit der Verständigung zweier Todfeinde und nicht mit der Zerstörung Trojas enden. Dies ist der eigentliche Höhepunkt, dass sich zwei Menschen friedvoll annähern konnten, obgleich die Systeme, denen sie angehörten, weiterhin in Fehde standen und diese Feindschaft schließlich auch Achilleus und Priamus verschlang, bis irgendwann sich wieder Menschen aufmachten, die Gräben zu überwinden...

---

57 Victor Hugo: Die Elenden

Literaturverzeichnis

Andersen, Tom (1996) Das reflektierende Team, Dortmund
Ausgleich e. V. (2014) Arbeit des Schlichters. http://www.ausgleich.de/schlichtung/arbeit-des-anwalts/. Zugegriffen: 23.04.2014
Bals, Nadine, Hilgartner, Christian & Bannenberg Britta (2005) Täter-Opfer-Ausgleich im Erwachsenenbereich. Eine repräsentative Untersuchung für Nordrhein-Westfalen. Forum Verlag Godesberg, Mönchengladbach
Bar-On, Arnon (2003) Indigenous Practice: Some informed Guesses – self evident but impossible. Social Work/Maatskaplike Werk 39 (1), S 26-40
Beck, Ulrich & Beck-Gernsheim, Elisabeth (1990) Das ganz normale Chaos der Liebe. Frankfurt
Beck, Ulrich (1986) Risikogesellschaft. Auf dem Weg in eine andere Moderne. Frankfurt
Beck, Ulrich (1993) Die Erfindung des Politischen. Zu einer Theorie reflexiver Modernisierung. Frankfurt
Bergemann, Sophie (2011) Gemeinschaftskonferenzen – ein strafrehtliches Mediationsverfahren orientiert an der „Restorative Justice"-Philosophie. Eine empirische Studie zum Elmshorner Pilotprojekt. Diplomarbeit, Fachhochschule Kiel
Bewersdorff, Jana (2012) Restorative Justice as an appropriate reaction in penal proceedings? In: Schriftenreihe Soziale Strafrechtspflege. Restorative Justice – A Victim Perspective and Issues of Co-operation. Schleswig-Holsteinischer Verband für soziale Strafrechtspflege; Straffälligen- und Opferhilfe e. V. Kiel, Bd 2, S 13-15 http://www.rjustice.eu/en/documents.html. Zugegriffen: 23.03.2013
Bezirksamt Mitte von Berlin (o. J.) Der Familienrat im Jugendamt Mitte. http://www.berlin.de/ba-mitte/org/jugendamt/familienrat.html. Zugegriffen: 06.06.2013
Bohnsack, Ralf (2003) Rekonstruktive Sozialforschung: Einführung in qualitative Methoden, Stuttgart
Brandt, Kuteer M. (2008) Soziokratie. http://www.soziokratie.de/0000.htm. Zugegriffen: 27.11.2013
Brendtro, Larry, Brokenleg, Martin & Bockern, Steve van (2002) Reclaiming Youth at Risk: Our Hope for the Future. Solution Tree, Bloominton/Indiana
Brockhaus (2010) Der große Brockhaus in einem Band. F.A. Brockhaus, Gütersloh/München
Budde, Wolfgang & Früchtel, Frank (2008) Verwandtschaftsrat: Bürger statt Klienten in der Hilfeplanung. Jugendhilfe Juni 3, 121-130
Bünte, Hermann & Bünte, Klaus (2004) Das Spektrum der Medizin. Illustiertes Handbuch von den Grundlagen bis zur Klinik. Schattauer, Stuttgart

Cameron, David (2010) Big Society Speech. Transcript of a speech by the Prime Minister on the Big Society, 19 July 2010. http://www.number10.gov.uk/news/speeches-and-transcripts/2010/07/big-society-speech-53572. *Christie Nils* (1977) Conflicts as Property. British Journal of Criminology, Vol. 17, No 1, 1-15

Collier, John (1947) The Indians of the Americans. W.W. Norton, New York

CoSA Ottawa (2015) What is Circles of support and accountability? http://cosa-ottawa.ca/ Zugegriffen: 26.03.2015

Costello, Bob, Wachtel, Joshua & Wachtel, Ted (2009) The Restorative Practices Handbook for Teachers, Disciplinarians and Administrators. International Institute For Restorative Practices, Bethlehem

Costello, Bob, Wachtel, Joshua & Wachtel, Ted (2010) Restorative Circles in Schools. Building Community and Enhancing Learning. International Institute For Restorative Practices, Bethlehem

Crosby, Ron (1999) The Musket Wars. A History of Inter-Iwi Conflict 1806-45, Auckland

Daes, Erica (1996) Working Paper on the concept of indigenous people. UN-Dokument. www.unhchr.ch/Huridocda/Huridoca.nsf/(Symbol)/E.CN.4.Sub.2.AC.4.1996.2.En?Opendocument. Zugegriffen: 18.03.2014

Daly, Kathleen (2008) The limits of restorative justice. In: Handbook of Restorative Justice. A Global Perspective. Routledge, New York, S 134-145

Department of Social Welfare (1988) Puao-te-Ata-tu. Wellington

Dettling, Daniel (2002) Das Kapital der Bürgergesellschaft. Impulse für den 3. Sektor von morgen. Norderstedt

Dhondt, Davy, Ehret, Beate, Fellegi, Borbala & Szegö, Dóra (2013) Implementing peacemaking circles in Europe: a European Research Project. European Forum for Restorative Justice Newsletter 14: S. 8-11 http://www.euforumrj.org/assets/upload/EFRJ_Newsletter_Vol_14_Yearly_printed_issue.pdf Zugegriffen: 09.01.2015

Dierkes, Isabell (2011) Soziokratie für Unternehmen. Video. http://www.soziokratie.org/. Zugegriffen: 04.12.2013

Dölling, Dieter (Hrsg) (1998) Täter-Opfer-Ausgleich. Eine Chance für Opfer und Täter durch einen neuen Weg im Umgang mit Kriminalität. Forum Verlag Godesberg, Bonn

Domenig, Claudio (2007) Restorative Justice und integrative Symbolik. Möglichkeiten eines integrativen Umgangs mit Kriminalität und die Bedeutung von Symbolik in dessen Umsetzung. Bern

Duden (2006) Die Deutsche Rechtschreibung. Dudenverlag, Mannheim

Duden (2007) Wörterbuch medizinischer Fachbegriffe. Dudenverlag, Mannheim

Eigen Kracht Centrale (2013) What we do. http://www.eigen-kracht.nl/en/inhoud/what-we-do. Zugegriffen: 26.03.2013

Elmshorn. www.fh-kiel.de/fileadmin/data/sug/pdf-Dokument/Hagemann/Zwischenbericht_GMK.pdf Zugegriffen: 17.07.2014

Emeringer, Daniel (2009) Compass gGmbH Berlin. Familienrat. http://www.compassberlin.de/ Zugegriffen: 06.06.2013

Etzioni, Amitai (1995) Die Entdeckung des Gemeinwesens. Ansprüche, Verantwortlichkeiten und das Programm des Kommunitarismus. Stuttgart

Familienrat e. V. Berlin-Brandenburg (2013) Der Verein. http://www.familienrat-bb.de/page8/page8.html. Zugegriffen: 06.06.2013

Fiedeler, Silke M. (2014a) Zurück zum Kreis – Ein Plädoyer für Kreisverfahren im Strafvollzug, Teil 1. Mediator 2/2014: 18-24

Literaturverzeichnis

Fiedeler, Silke M. (2014b) Zurück zum Kreis – Ein Plädoyer für Kreisverfahren im Strafvollzug, Teil 2. Mediator 3/2014: 4-12

Franzen, Jonathan (2002) Die Korrekturen. Rowohlt Taschenbuch Verlag, Hamburg

Friess, Sabine & Kruschel, Robert (2011) Konsens oder Konsent? Soziokratische Schulen in den Niederlanden. unerzogen magazin 4: 40-44. tologo Verlag, Leipzig.

Früchtel, Frank (2002) Die Moral des Verfahrens: Family Group Conferences als Alternative zum Hilfeplangespräch? Forum Erziehungshilfen 1: 13-19

Früchtel, Frank (2011) Muss Strafe sein? Gerechtigkeit geht (auch) anders! Eine Einführung in Restorative Social Work. Sozialmagazin 1: 34-42. Juventa, Weinheim

Früchtel, Frank & Budde, Wolfgang (2003) Familienkonferenzen oder: Ein radikales Verständnis von Betroffenenbeteiligung. Sozialmagazin 3: 12-21. Juventa, Weinheim

Früchtel, Frank & Budde, Wolfgang (2005) Fall und Feld oder was in der sozialraumorientierten Fallarbeit mit Netzwerken zu machen ist. Sozialmagazin 6: 14 – 23

Früchtel, Frank, Budde, Wolfgang & Cyprian, Gudrun (2013) 3. Aufl., Sozialer Raum und Soziale Arbeit – Textbook: Theoretische Grundlagen. Springer VS, Wiesbaden

Früchtel, Frank, Budde, Wolfgang & Cyprian, Gudrun (2013) 3. Aufl., Sozialer Raum und Soziale Arbeit – Fieldbook: Methoden und Techniken. Springer VS, Wiesbaden

Früchtel, Frank & Straub, Ute (2011) Standards des Familienrates. Hilfeplan oder Entscheidungsverfahren – zwischen Normierung und Diversity. Sozialmagazin 2: 53-57

Gavrielides, Theo (2007) Restorative justice theory and practice: addressing the discrepancy. Heuni, Helsinki

Gavrielides, Theo (2011) Restorative Practices: From the early societies to the 1970s. Internet Journal of Criminology. www.internetjournalofcriminology.com/Gavrielides_Restorative_Practices_IJC_November_2011.pdf. Zugegriffen: 10.04.2013

Gehrmann, Gerd & Müller, Klaus D. (2010) Getretener Quark macht breit, nicht stark. Eine Kritik am hermeneutischen Ansatz. Sozialmagazin 4: 57-63

Giddens, Anthony (1999) Der dritte Weg. Die Erneuerung der sozialen Demokratie. Suhrkamp. Frankfurt/M.

Gillinson, Sarah, Horne, Matthew & Baeck, Peter (2010) Radical Efficiency. Different, better, lower cost public services. NESTA, London

Gray, Mel, Coates, John & Yellow Bird, Michael (2010) Indigenous Social Work around the World. Towards Culturally Relevant Education and Practice. Ashgate Publishing Limited, Surrey

Greenwood, Jean (2001) The Mediation Process: Phases and Tasks. In: Umbreit Mark S. The Handbook of Victim Offender Mediation. An Essential Guide to Practice and Research. Jossey-Bass, A Wiley Company, San Francisco, S 35-64

Group Conferencing Project in Criminal Matters. In: Hagemann O, Schäfer P, Schmidt S et al Victimology, Victim Assistance and Criminal Justice. Perspectives Shared by International Experts at the Inter-University Centre of Dubrovnik. Niederrhein University of Applied Sciences Department of Social Work and Cultural Studies in co-operation with Kiel University of Applied Sciences Department of Social Work and Health, Mönchengladbach/Kiel, S 233-243

Habermas, Jürgen (1988) Theorie des kommunikativen Handelns. Bd 2: Zur Kritik der funktionalistischen Vernunft. Frankfurt

Habermas, Jürgen (1988a) Theorie des kommunikativen Handelns. Bd 1: Handlungsrationalität und gesellschaftliche Rationalisierung. Frankfurt

Habermas, Jürgen (1983) Moralbewußtsein und kommunikatives Handeln, Frankfurt

Hagemann, Otmar (1993) Wohnungseinbrüche und Gewalttaten: Wie bewältigen Opfer ihre Verletzungen?. Pfaffenweiler

Hagemann, Otmar (2008) Erster Zwischenbericht über Gemeinschaftskonferenzen in Elmshorn

Hagemann, Otmar (2009a) Gemeinschaftskonferenzen – ein Projekt zur Reaktion auf Jugendkriminalität. Zeitschrift für soziale Strafrechtspflege 46: 28-38

Hagemann, Otmar (2009b) „Gemeinschaftskonferenzen" in Elmshorn – the First German Family

Hagemann, Otmar (2010) „Conferencing": Ein Ansatz zur Aufarbeitung von Straftaten und Opfererlebnissen in erweiterten sozialen Kontexten. Praxis der Rechtspsychologie 20: 306-324

Hagemann, Otmar (2011) Restorative Justice: Konzept, Ideen und Hindernisse. In: Schriftenreihe Soziale Strafrechtspflege. Restorative Justice – Aus der europäischen und Schleswig-Holsteinischen Perspektive. Schleswig-Holsteinischer Verband für soziale Strafrechtspflege; Straffälligen- und Opferhilfe e. V. Kiel, Bd 1, S 150-178. http://www.rjustice.eu/en/documents.html. Zugegriffen: 23.03.2013

Hagemann, Otmar (2012) Restorative Justice aus der Perspektive der Sozialen Arbeit unter Einbezug der europäischen Ebene. Hannover, www.km-kongress.de/html/Download.cms?ID=180. Zugegriffen: 16.05.2013

Hagemann, Otmar, Nahrwold, Mario & Lummer, Ricarda (2012) Restorative Justice in Schleswig-Holstein. Handbuch. Hansa-Druck, Kiel

Hampe-Grosser, Andreas (2007) Family Group Conference. Über die Entwicklung einer respektvollen Hilfeplanung. http://www.ibs-networld.de/ferkel/Archiv/hampe-grosser-a-07-06_family_group_conferencing.html. Zugegriffen: 03.06.2013

Hampe-Grosser, Andreas (2012) Familienrat / Familien-Netzwerk-Konferenz / Family Group Conference (FGC) ein Tagungsbericht, 04./05.10.2012 Dresden. http://www.verwandtschaftsrat.de/inhalt/netzwerktreffen.htm. Zugegriffen: 16.05.2013

Hampe-Grosser, Andreas & Hör, Heike (2010) Familienrat – Family Group Conference (FGC) ein Tagungsbericht, 30.09./01.10.2010 Frankfurt am Main. www.familienrat-fgc.de/files/Fachgremien/Tagungsbericht_2010.pdf. Zugegriffen: 16.05.2013

Hansbauer, Peter, Hensen, Gregor, Müller, Katja & von Spiegel, Hiltrud (2009) Familiengruppenkonferenz. Eine Einführung. Juventa Verlag, Weinheim und München

Harper, Douglas (2012) Online Etymology Dictionary. Suchbegriff: restore. http://www.etymonline.com/index.php?allowed_in_frame=0&search=restore&searchmode=none. Zugegriffen: 22.03.2013

Hartmann, Arthur, Haas, Marie & Geyer, Judith (2012) Mediation and Restorative Justice in Prison Settings (MEREPS). Ergebnisse eines europäischen Forschungsprojekts. http://www.ipos.bremen.de/sixcms/detail.php?gsid=bremen166.c.8126.de. Zugegriffen: 08.03.2015

Helweg & Leupold (o. J.) Rechtsanwältinnen in Bürogemeinschaft. Nebenklagevertretung. http://www.helweg-leupold.de/nebenklage.htm. Zugegriffen: 13.06.2013

Henke, Dietmar (2009) Europäische Mitglieder der NATO. North Atlantic Treaty Organization. http://www.henked.de/laender/nato.htm. Zugegriffen: 24.06.2013

Henkel, Inga (2015) Family Group Conferencing: Restorative Justice in der praktischen Anwendung – Eine empirische Studie zu den Conferencing Verfahren bei Child Youth and Family in Neuseeland, Bachelor-Thesis, Fachhochschule Kiel, Studiengang Soziale Arbeit und Gesundheit

Literaturverzeichnis

Hermanni, Dagmar von (2003) Leitungsverantwortung in Fällen von Kindeswohlgefährdung. Leipziger Schutz- und Kontrollkonzept versucht den Spagat zwischen Hilfe und Überwachung, Intervention und Partizipation. Das Jugendamt 76 Nr. 12: 561-567
Herwig-Lempp, Johannes (2004) Die VIP-Karte – ein einfaches Instrument für die systemische Sozialarbeit. Kontext 4: 353-364
Hilbert, Christian, Bandow, Yasemin, Kubisch-Piesk, Kerstin & Schlizio-Jahnke, Heike (2011) Familienrat in der Praxis – ein Leitfaden. Eigenverlag des Deutschen Vereins für öffentliche und private Fürsorge e. V., Berlin
Hildenbrand, Bruno (2005) Einführung in die Genogrammarbeit. Heidelberg
Hilfe zur Selbsthilfe e. V. (2013) XENOS Modellprojekt StartChance. http://hilfezurselbsthilfe.org/index.php/xenos-programm-modellprojekt-startchance Zugegriffen: 01.04.2015
Hinte, Wolfgang (2002) Agieren statt reagieren: Der Allgemeine Soziale Dienst braucht fachliche Standards. Blätter der Wohlfahrtspflege 1: 8-11
Homer (2002) *Ilias. Odyssee.* Übers. v. Johann Heinrich Voss, München
Hondrich, Karl Otto (2001) Der Neue Mensch. Frankfurt/Medea
Hopkins, Belinda (2012) Restorative Justice and Problem-Solving. Schriftenreihe Soziale Strafrechtspflege. Restorative Justice – A Victim Perspective and Issues of Co-operation. Schleswig-Holsteinischer Verband für soziale Strafrechtspflege; Straffälligen – und Opferhilfe e. V. Kiel, Bd 2, S 170-190. http://www.rjustice.eu/en/documents.html. Zugegriffen: 23.03.2013
Horkheimer, Max & Adorno, Theodor (1988) Dialektik der Aufklärung. Philosophische Fragmente. Fischer
inbetweener (2014) Verwirklichtes. Großgruppenkonferenzen im open space. http://www.inbetweener.eu/category/verwirklichtes/ Zugegriffen: 22.10.2014
JaKuS gGmbH (o. J.) Family Group Conference. Familienrat. http://www.jakus.org/projekte/familiy-group-conference.html. Zugegriffen 03.06.2013
Janssen, Karin (2012) Aufklärung, Kolonialisierung und indigene Sozialarbeit – Entstehungsgeschichte und Entwicklung des Activity Centres in Ho, Ghana. Masterarbeit, Fachhochschule Potsdam. *Joas Hans* (1992) Pragmatismus und Gesellschaftstheorie. Frankfurt/Main
Joas, Hans (1992) Pragmatismus und Gesellschaftstheorie. Frankfurt/Main
Justizministerium Nordrhein-Westfalen (2014) Justiz-online: Beispiel eines Täter-Opfer-Ausgleichs. https://www.justiz.nrw.de/BS/opferschutz/allgemeine_informationen/opferschutz_strafverfahren/taeter_opfer_schutz/beispiel/index.php. Zugegriffen: 23.04.0214
Kant, Immanuel (1961) Grundlegung zur Metaphysik der Sitten. Reclam, Stuttgart
Kerner, Hans-Jürgen, Eikens, Anke & Hartmann, Arthur (2011) Täter-Opfer-Ausgleich in Deutschland: Auswertung der bundesweiten Täter-Opfer-Statistik für die Jahrgänge 2006 bis 2009, mit einem Rückblick auf die Entwicklung seit 1993. Berlin. http://www.bmj.de/SharedDocs/Downloads/DE/pdfs/TOA_Deutschland_2006_2009.pdf. Zugegriffen 06.06.2013
Keupp, Heiner (2000) Eine Gesellschaft der Ichlinge? Zum bürgerschaftlichen Engagement von Heranwachsenden. München
King, Michael (2003) The Penguin History of New Zealand. Penguin, London
King, Preston (2013) The Ideology of Order: A Comparative Analysis of Jean Bodin and Thomas Hobbes. Routledge, New York
Kleve, Heiko (2011) Zwischen Tradition und Moderne. Postmoderne Soziale Arbeit am Beispiel Familie. unveröffentlichtes Manuskript

Landgericht Leipzig (o. J.) Informationen für Zeugen im Strafprozess. http://www.justiz. sachsen.de/lgl/content/1799.htm#article1834. Zugegriffen: 23.04.2014

Levinas, Emmanuel (2008) Totalität und Unendlichkeit. Versuch über die Exteriorität. München

Love, Catherine (2005) Family Group Conferencing: Cultural Origins, Sharing, and Appropriation – A Maori Reflection In: Burford Gale, Hudson Joe Family Group Conferencing. London, S 15-30

MacRae, Allan & Zehr, Howard (2004) The Little Book of Family Group Conferences: New Zealand Style: A hopeful approach when youth cause harm. Good Books, Intercourse, PA

Mauss, Marcel (1924/ 1990) Die Gabe. Die Form und Funktion des Austauschs in archaischen Gesellschaften, Suhrkamp, Frankfurt/M

McCold, Paul (2008) The recent history of restorative justice: Mediation, circles, and conferencing. In: Sullivan Dennis, Tifft Larry Handbook of Restorative Justice: A Global Perspective. Routledge, New York, S 23-51

Mediation GmbH (o. J.) Mediation. http://www.mediation.de/mediation Zugegriffen: 15.06.2013

Merckle, Tobias (1999) Ein neues Paradigma im Strafrecht. Grundlagen und Kriterien für Wiedergutmachung als Rechtsfolge. Diplomarbeit. Universität Lüneburg

Ministerial Advisory Committee on a Maori Perspective for the Department of Social Welfare (1988) Puao-te-Ata-tu (day break). Wellington

Morris, Allison & Maxwell, Gabrielle (1998) Restorative Justice in New Zealand: Family Group Conferences as a Case Study. Western Criminology Review 1:1

Morris, Ruth (2000) Stories of Transformative Justice. Toronto: Canadian Scholars' Press Inc.

Müller-Doohm, Stefan (2008) Jürgen Habermas: Leben Werk Wirkung. Suhrkamp Basis Biographie, Frankfurt am Main

Nadjé, Michael (2007) Der Verwandtschaftsrat – ein Modell stärkenorientierter Sozialer Arbeit. Bachelor-Arbeit. Fachhochschule Potsdam

Neustart (2014a) Sozialnetzkonferenzen. http://www.neustart.at/at/_files/pdf/sozialnetz-konferenz2014.pdf?q=sozialnetzkonferenz Zugegriffen: 11.07.2014

Neustart (2014b) Österreich Report 2014. http://www.neustart.at/at/_files/pdf/report_oesterreich2014.pdf?q=sozialnetzkonferenz Zugegriffen: 11.07.2014

Nisbet, Robert (1953) The Quest for Community. Oxford University Press, New York

ÖGUT – Österreichische Gesellschaft für Umwelt und Technik (o. J.) Partizipation und nachhaltige Entwicklung in Europa: Alle Methoden. Soziokratie. http://www.partizipation. at/soziokratie.html. Zugegriffen: 27.11.2013

Osei-Hwedie, Kwaku & Jaques, Gloria (2007) Indigenising Social Work in Africa. Accra. Ghana University Press

Owen, Harrisson (2008) Open Space Technology: A User's Guide. 3. Aufl, Berrett-Koehler Publishers, Inc., San Francisco

Parsons, Talcott & Shils, Edward (Hrsg) (1951/1962) Toward a General Theory of Action. New York

Pranis, Kay (2005) The Little Book of Circle Processes: A New/Old Approach to Peacemaking. Good Books, Intercourse, PA

Pranis, Kay, Stuart, Barry & Wedge, Mark (2003) Peacemaking Circles: From Crime to Community. Living Justice Press, St. Paul, Minnesota

Precht, Richard David (2010) Wer bin ich und wenn ja wie viele? Eine philosophische Reise. Goldmann-Verlag, München

Putnam, Robert (2000) Bowling alone: The Collapse and Revival of American Community. New York

Restorative Justice Council (2011) Best Practice Guidance for Restorative Practice. Restorative Justice Council, London. http://www.restorativejustice.org.uk/resource/best_practice_guidance_for_restorative_practice_2011. Zugegriffen: 24.03.2013

Reuter, Peter (2001) Springer Wörterbuch Medizin. Springer Verlag, Berlin Heidelberg

Rizzolatti, Giacomo & Sinigaglia, Corrado (2008) Empathie und Spiegelneurone: Die biologische Basis des Mitgefühls, Frankfurt

Rüping, Hinrich (1991) Grundriß der Strafrechtsgeschichte. C.H. Beck, München

Rüther, Christian (2010) Soziokratie. Ein Organisationsmodell: Grundlagen, Methoden und Praxis. http://www.soziokratie.org/. Zugegriffen: 27.11.2013

Schmalfuß, Emil (2011) Grußwort zur Auftaktveranstaltung Restorative Justice – aus der europäischen und Schleswig-Holsteinischen Perspektive 9. Februar 2011. Schriftenreihe Soziale Strafrechtspflege. Restorative Justice – Aus der europäischen und Schleswig-Holsteinischen Perspektive. Schleswig-Holsteinischer Verband für soziale Strafrechtspflege; Straffälligen – und Opferhilfe e. V. Kiel, Bd 1, S 129-132. http://www.rjustice.eu/en/documents.html. Zugegriffen: 23.03.2013

Schneider, Carl (2000) What It Means To Be Sorry: The Power Of Apology In Mediation, in: Mediation Quarterly, Vol. 17 (3) und http://www.mediate.com/articles/schneiderc1.cfm (1.5.2015)

Schopenhauer, Arthur (2002) Die Welt als Wille und Vorstellung. München

Sloterdijk, Peter (2006) Das Zeug zur Macht, Vortrag auf der Konferenz „Communication Next", Karlsruhe

Soziokratisches Zentrum Deutschland (2013) Was ist Soziokratie? http://www.soziokratie.com/was-ist-soziokratie/die-vier-basisregeln.html. Zugegriffen: 27.11.2013

Spiegel, Hiltrud von (2009) Perspektiven und Empfehlungen. In: Hansbauer, Peter, Hensen, Gregor, Müller, Katja, Spiegel, Hiltrud v.: Familiengruppenkonferenz. Eine Einführung. Weinheim

Stascheit, Ulrich (Hrsg) (2012) Gesetze für Sozialberufe: Die Gesetzessammlung für Studium und Praxis. Fachhochschulverlag, Frankfurt/M.

Störig, Hans Joachim (2002) Kleine Weltgeschichte der Philosophie. Fischer, Stuttgart

Straub, Ute (2005) Family Group Conference: Radikales Empowerment in der Kinder- und Jugendhilfe. Sozialextra 5: S 37-41. VS-Verlag für Sozialwissenschaften, Wiesbaden

Straub, Ute (2012) Neues aus dem Süden: Indigenisierte und indigene Soziale Arbeit – was ist das? Sozialmagazin Vol. 37 10: 48-56

Strawson, Peter (1960) Freedom and Resentment, in: ders. (2008): Freedom and Resentment and Other Essays, Routledge

Süddeutsche Zeitung (7.11.2012) www.sueddeutsche.de/politik/obamas-rede-im-wortlaut-ich-habe-euch-zugehoert-ich-habe-von-euch-gelernt-1.1516979

Tatausgleich & Konsens e. V. (2013) Das Portal zum Täter-Opfer-Ausgleich: Täter-Opfer-Ausgleich erklärt. Mainz. http://www.taeter-opfer-ausgleich.de/erklärt. Zugegriffen: 29.03.2013

Tätigkeitsbericht des Justizvollzugsbeauftragten des Landes Nordrhein-Westfalen (2011) http://www.justizvollzugsbeauftragter.nrw.de/service/Infomaterial/index.php. Zugegriffen: 10.04.2015

Tätigkeitsbericht des Justizvollzugsbeauftragten des Landes Nordrhein-Westfalen (2012) http://www.justizvollzugsbeauftragter.nrw.de/service/Infomaterial/index.php Zugegriffen: 10.04.2015

Thiersch, Hans (1989) Homo Consultabilis: Zur Moral institutionalisierter Beratung. In: Böllert K & Otto H-U(Hrsg). Soziale Arbeit auf der Suche nach der Zukunft. Bielefeld: S. 175-193
Thoß, Isabel & Weitekamp, Elmar (2012) Friedenszirkel, ein wiederentdecktes Verfahren zur Konfliktbewältigung. Schriftenreihe Soziale Strafrechtspflege. Restorative Justice – A Victim Perspective and Issues of Co-operation. Schleswig-Holsteinischer Verband für soziale Strafrechtspflege; Straffälligen – und Opferhilfe e. V. Kiel, Bd 2, S 88-116. http://www.rjustice.eu/en/documents.html. Zugegriffen: 23.03.2013
Tomasello, Michael (2010) Warum wir kooperieren, Frankfurt
Tönnies, Ferdinand (1887/2005) Gemeinschaft und Gesellschaft. Harvard College Library
Trotha, Trutz von (1997) Zur Soziologie der Gewalt. In: ders. (Hrsg.), Soziologie der Gewalt. Opladen: Westdt. Verlag, S. 9-56
Umbreit, Mark S. (2001) The Handbook of Victim Offender Mediation: An Essential Guide to Practice and Research. Jossey-Bass, A Wiley Company, San Francisco
Universität Tübingen (2013) Einführung von Friedenszirkeln in Europa. http://www.jura.uni-tuebingen.de/einrichtungen/ifk/forschung/implementing-peacemaking-circles-in-europe Zugegriffen: 16.05.2013
Vanfraechem, Inge & Walgrave, Lode (2005) Conferencing Serious Juvenile Delinquents in Belgium. www.restorativejustice.org/editions/2005/March/belgium Zugegriffen: 17.07.2014
Wachtel, Joshua (2009) Toward Peace and Justice in Brazil: Dominic Barter and Restorative Circles. Restorative Practices E Forum. http://www.iirp.org/pdf/brazil.pdf. Zugegriffen: 20.11.2013
Wahrig-Burfeind, Renate (2011) Brockhaus: Fremdwörterlexikon. wissensmedia in der imedia ONE] GmbH, Gütersloh, München
Walgrave, Lode (2008) Restorative Justice, Self-interest and Responsible Citizenship. Cullompton, Willan
Weber, Max (2010) Wirtschaft und Gesellschaft. Zweitausendeins, Frankfurt/M
Weisser Ring e. V. (2013) Das Adhäsionsverfahren: Hinweise zum Adhäsionsverfahren. https://www.weisser-ring.de/index.php?id=8398. Zugegriffen: 08.04.2013
Westphal, Juliane (2010) Restorative Circles und ihre Übertragbarkeit: Ein Verfahren zur gemeinschaftlichen Konfliktbearbeitung aus Brasilien. www.fachtag.familienrat-bb.de/page3/files/Friedenszirkel.pdf. Zugegriffen: 18.03.2014
Whyte, William Foote (1996) Die Street Corner Society. Die Sozialstruktur eines Italienerviertels. Walter De Gruyter, Berlin
Wurtzbacher, Jens (2003) Sicherheit als gemeinschaftliches Gut – Bürgerschaftliches Engagement für öffentliche Sicherheit. Leviathan 1: 92-116. *Zehr Howard* (2002) The Little Book of Restorative Justice. Good Books, Intercourse, PA
Zehr, Howard (2005) Changing Lenses: A New Focus For Crime and Justice. Herald Press, Scottdale
Zehr, Howard (2009) Restorative Justice? What is that? In: Restoring Community in a Disconnected World (Kongressdokumentation) Bethlehem: International Institute for Restorative Practices, S. 145-148
Zehr, Howard (2010) Fairsöhnt. Restaurative Gerechtigkeit: Wie Opfer und Täter heil werden können. Neufeld Verlag, Schwarzenfeld

The manufacturer's authorised representative in the EU is Springer Nature Customer Service Centre GmbH, Europaplatz 3, 69115 Heidelberg, Germany. If you have any concerns regarding our products, please contact ProductSafety@springernature.com

Printed and bound by CPI Group (UK) Ltd, Croydon, CR0 4YY
23/03/2026
02076400-0015